仕事のできる人 がやっている 減らす習慣

中村一也
データサイエンティスト

フォレスト出版

はじめに 「速く」から「減らす」へ

「仕事の質とスピードを上げたい」
「仕事がもっとできるようになりたい」
「プライベートは余裕を持って過ごしたい」
「もっとラクに、スマートに仕事をこなせるようになりたい」

本書を手に取ったあなたは、そのように考えているのではないでしょうか。

もっと仕事ができるようになれば、評価されることはもちろん仕事をスムーズに終わらせられ、その分、生じた余裕時間でもっと自分のやりたいことができる――そう思われているのかもしれません。

もしそうだとしたら、次のような図式が無意識に前提となっているはずです。


「仕事が速い＝すぐに仕事が終わる＝自分の時間が増える」

「仕事ができる＝余裕のある毎日を過ごせる」


しかし、残念ながら、これは**思い込みであり勘違い**です。

もしそのように思っているなら、**あなたが仕事のできる人になったとしても、どれだけ仕事のスピードが速くなったとしても、時間や余裕が増えることはありません。**

それどころか、ますます忙しくなって、自分の時間が減り、やりたいことが山積みのままになってしまいます。


なぜそんなことが言えるのか。

それは、私自身が実際に経験してきたからです。

▼減らして、終わらせる

はじめまして、中村一也と申します。

私はデータサイエンスと生産性向上を専門としており、データを活用した効率化やヒューマンエラー防止などをテーマに企業研修、ならびに大学等で講義・研究を行っています。

このように、現在は人前に立つことが多い仕事をしているのですが、大学卒業後に就職したのは日系最大手の金融機関。そこでは主としてデータ分析業務に従事することとなったのですが、周りからは「ご愁傷様」と言われるほどの、会社で最も忙しいと噂される部署に配属されました。

最初は半信半疑だったものの実際に働いてみると相当な激務で、本来１週間かかってもおかしくない仕事をたった１日で終わらせなければならない、といった状況に追い込まれることが多々ありました。そういった環境で働くうちに、あることに気がつきました。

それは**「仕事をどれだけ速くできるようになっても、仕事は終わらない」**ということです。詳しくは第1章でもお伝えしますが、〝その仕事〟が終われば、待っているのは「次の仕事」だからです。仕事がない、やることがないということは、普通の会社であれば基本的にはありません。

また、優秀な人であればあるほど、仕事を振られるというのが世の常です。新しい仕事や新規プロジェクト、新人の育成など、やるべきことがなくなることはありません。

「成果や評価を上げながら、余裕を持って仕事を終わらせ自分の時間を増やす」

実はこれは、単に優秀である、仕事が速いというだけでは実現できないのです。

ではどうすればよいのか？

それは、**「仕事を速くする」ではなく、「仕事を減らす」という観点を持つ**ことです。

仕事をスピーディーにこなすというアプローチではなく、そもそものやることを「減らす」という思考・習慣を手に入れるのです。

このようにいうと、「会社員だから仕事の量は会社が決めるので減らせない」などと思われるかもしれません。ですが、そうではありません。

おっしゃる通り、仕事の量は会社や上司の裁量によることが多いです。しかし、仮に仕事そのものをなくすことはできなくても、次のようなことは可能です。

- **思考のムダを減らす**
- **作業のムダを減らす**
- **ミスによるやり直しを減らす**
- **自分で対応しなければならないことを減らす**

そのほか、メールに費やす時間を減らすことなどで、実質的な仕事の量や時間を少なくすることができます。

本当の意味で「真に仕事ができる人」は、実はこの「減らす」という習慣を持っています。

ムダなやりとり・余計な思考・ムダな作業、やり直しの手間……などの量と回数をできる限りゼロに近づける。そのうえで、仕事を終わらせていきます。そうすることで、あなたがやるべきことを大きく減らすと同時に、1つひとつの仕事の質を上げることにもつながっていくのです。

減らす習慣を持つことで、必然的に脳の負担が減り、思考もシンプルかつ明快になっていきます。

この習慣を持っていなければ、どれだけ優秀な人でも、業務に忙殺され、一向に豊かな時間を持てなくなってしまいます。

かつての高度成長期やバブル期のように、仕事一辺倒でも許された時代がありました。企業戦士、モーレツ社員、「24時間戦えますか?」という言葉が流行するくらいですから、一日の時間をどれだけ仕事にあてても問題視されることはなかったでしょう。また、仕事をすればするほどに報われ、生活が豊かになることを期待できる時代でもありました。

しかし、仕事一辺倒という時代はとうに終わりを迎えています。仕事を一生懸命にこなすことはもちろん、家事や育児、リスキリング（学び直し）、趣味や遊びなど、どんどんやるべきこと・やりたいことが増えているのではないでしょうか。


本当に価値があるものは「時間」です。

本書は、仕事を減らして自分の自由な時間を創出することに関連した、科学的にも効果が確認されている知識や習慣を多数紹介します。

この本によってあなたが、やりたいことを好きなだけやる時間を作れるようになれば、著者としてこれほど嬉しいことはありません。

中村一也

目次

第2章 思考のムダを減らす

第3章 作業のムダを減らす

第4章 自分のターンを減らす

第5章 メールを減らす

第6章 ミスを減らす

ブックデザイン　山之口正和＋高橋さくら（OKIKATA）
本文イラスト　碇優子
ＤＴＰ　野中賢／安田浩也（システムタンク）
企画・編集協力　鹿野哲平

第1章

「仕事を減らす」という思考法

なぜ、自分の時間は増えていかないのか？

▼私たちが「自分の時間がない」と感じる理由

「最近、忙しくて自分の時間がない」

このように思っている人は多いはずです。しかし、本当にそうなのでしょうか？

それではあなたに2つ質問です。

質問①▼ 日本人とイタリア人なら、どちらの労働時間が長いでしょうか？

質問②▼ 日本人の労働時間は、年々、（増えている or 減っている？）

いかがでしょうか?

日本人から見ると、イタリア人は仕事よりも家族を大事にし、定時になれば退社し、残業はしない、というイメージがあるかもしれません。

さて、それでは早速「質問①」の答えです。

OECD(経済協力開発機構)の調査では、**「イタリア人のほうが、日本人よりも労働時間が長い」**とわかっています。2022年のデータでは、イタリア人の平均年間労働時間が1694時間である一方、日本人は1607時間にとどまっています。

データを見ないと、まさか日本人のほうがイタリア人より働いている時間が短いとは信じられないですよね。

次に、「質問②」を見ていきましょう。この問いについては、正解を選べた人も多いはずです。正解は、**日本人の労働時間は、年々、「減っている」**です。厚生労働省の調査では、2012年の月当たり労働時間は147・0時間であり、それ以降毎年労働時間は減り続け、2020年では135・2時間となっています。

このように、どうやら日本人は、昔に比べて、そして海外と比較しても、労働時間が長いわけではないとわかります。

にもかかわらず、多くの人が「忙しくて自分の時間がない」と感じているはずです。それはいったいなぜなのでしょうか？

長時間労働が原因ではないのなら、何が私たちにそう思わせているのでしょうか？

私が注目したのが、「やることの多さ」です。

私たちの「やることの多さ」を示すわかりやすい例として、コミュニケーション量の増加が挙げられます。特に、スマートフォンとチャットツールが世代を超えて広く普及したことで、私たちのコミュニケーション量は以前より激増しています。

さまざまな調査で、ＬＩＮＥなどのチャットツールを用いたコミュニケーションでは、メールなどほかの手段よりもコミュニケーション量が多くなるとわかっています。

角川書店の流れを組むエンターテインメント企業ＫＡＤＯＫＡＷＡでは、チャットツールを仕事に導入することで、メールを使用していたときと比べてコミュニケー

なぜ、時間が足りないのか？

①日本人の平均労働時間より、
イタリア人の平均労働時間のほうが長い

②日本人の労働時間は年々減少傾向にある

理由は「やること」が多いから

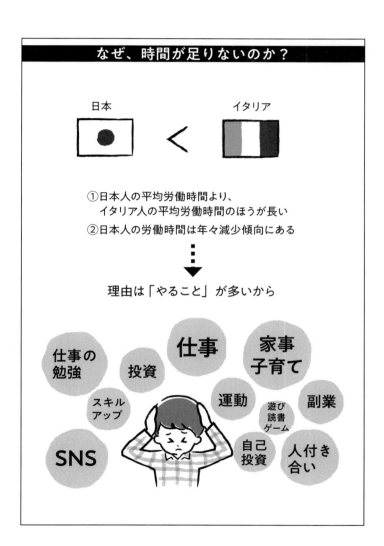

ション量（ひとり当たりの発信件数）は約3倍になったということです。KADOKAWAに限らず、近畿大学など、多くの企業・団体がコミュニケーション量の増加やスピードアップを報告しています。

一方で、コミュニケーション量の増加には負の側面があり、伊藤忠テクノソリューションズが2019年に行ったアンケート調査では、ビジネスチャットツール導入の課題として「情報量が多く必要な情報を見落とす、見つけられない」が2番目に多く挙がっています（ちなみに、課題の1位は「ツールを使いこなせない人がいる」）。

さらに、私たちはLINEだけでなく、X（旧Twitter）やInstagram、TikTok、そのほかSNSツールでも誰かとコミュニケーションを取っており、家族、友人、知人、同僚、取引先、見知らぬ人から、返信・対応が求められる大量の情報が日々送られてくることになります。

一度、イメージしてください。もし私たちがスマートフォンを持っていなかったら、私たちの「やること」は激減するのではないでしょうか？

私は高校生のときから携帯電話を持っていますが、携帯電話を持っていない中学生まではなんと気楽に生きていたことでしょう。誰からも電話やメッセージが来ないのが当たり前だったのですから。

私たちの「やることの多さ」に関連して、選択肢の増加という問題を考えます。ニーズの多様化にともない、何事においても私たちにはあふれるほどの選択肢があります。

たとえば現在では、昔に比べ、多数のアイドルやアーティストが存在していますよね。それにともなって、やはり応援したい人やグループも多くなるでしょう。

若年層を対象としたさまざまな調査を行っているZ総研によると、複数の応援したい人（すなわち、複数の「推し」）がいる人は約75％となっています。そして、4人以上の推しがいる人は約50％、10人以上の人は約15％にものぼります。逆に、推しがいないという人は3・7％しかいませんでした。

中には、「土曜日は、◯◯のライブに行って、日曜日は△△の舞台を見にいかないと。そうだ、日曜の夜は□□のインスタライブもあるんだった！　いくら時間があっても足りないよ〜！」のような「推しの供給に追いつかない問題」を抱えている人もいるようです。

さらに、応援できる人、つまり「推せる人」はアイドルやアーティストに限った話ではなく、YouTuber、芸人、スポーツ選手、俳優など、多岐にわたります。そもそも応援の対象は人だけにとどまるものではなく、アニメ・ゲーム・マンガ・刀剣・鉄道など、モノにまで広がりを見せています。

株式会社アップデイトが運営するサブカルメディア「otalab」の調査では、70％の人が「推し疲れ（推しを応援する中で疲労感やストレスを感じること）」を経験しているとのことです。

▼「過剰な選択肢」が私たちを苦しめる

昔と比べて選択肢が過剰といえるほどに増えた現在では、それにともなって「やること（やりたいこと、やらなければならないこと）」が増えています。

選択肢が多いと、それらを吟味するだけでも大変ですよね。さらに、選択肢が増え、複雑化した現代の生活は、「お金を稼がないと」「貯金しないと」「投資をしないと」「良い会社に入らないと」「仕事しないと」「目標を達成しないと」「勉強しないと」「資格を取らないと」「副業しないと」「家事をしないと」「面倒みないと」「趣味を楽しまないと」「返信しないと」「健康を維持しないと」「運動しないと」……など、やること、やりたいこと、やらなければいけないことが多いです。

一方で、「もし選択肢の数がもっと少なかったら……」と考えると、私たちの生活はもう少しゆとりのあるものになるのではないでしょうか。

選択肢の数が多いことはもちろんメリットですが、同時にデメリットにもなりうると指摘されています。そのデメリットのことを、科学的には**「選択過多」もしくは「選択のオーバーロード現象」**といいます。

選択過多とは、たとえば店の品揃えが良すぎると、悩んで購入を諦めてしまったり、買い物の満足度が低下したりする現象のことをいいます。

選択過多に関する有名な研究として、コロンビア・ビジネススクールのシーナ・アイエンガーらにより行われたジャムの実験があります。

実験では、スーパーマーケットで6種類のジャムを試食できる場合と、24種類のジャムを試食できる場合で、消費者の購買行動がどう変化するかを調査しました。

その結果、ジャムを購入した人の数は、選択肢が少ない6種類のジャムのほうが多かったのです。

この結果は、多すぎる選択肢が購買意欲を低下させることを示唆しています。

なんと**私たちは、多すぎる選択肢を見せられ、その中から選ぼうとするだけでストレスや疲労感を感じてしまう**のです。


以上より、日本人の労働時間が減少しているにもかかわらず「自分の時間がない」と感じる理由の1つが、「やることが多いから」であるのは間違いないでしょう。

リクルートワークス研究所が行った「働き方改革に関する調査」では、働き方改革に不満を感じる理由として最多だったのが「早く帰れと言われるため、仕事が終わらない」でした。実際、私にもそのような声がたくさん届いています。

やはり、私生活でも仕事でも、「やることの多さ」に悩んでいる人は多そうです。

▼あなたを忙しくしているのは、あなた自身である

さて、またあなたに質問です。

> **質問**
> 時間の使い方がうまいのはどちらでしょうか？
> ■予定が一杯の人　or　スケジュールに余裕がある人？

おそらく、多くの人の答えは「スケジュールに余裕がある人」となるのではないでしょうか。そこで次の質問です。

> **質問**
> 「普段のあなた」は、どちらの状態になっていますか？

すると答えは変わり、「予定が一杯」と回答する人が増えるはずです。

実は、科学的な観点でも、「スケジュールには余裕があったほうが生産性は高まる」とわかっています。たとえば、ハーバード・ビジネススクールのステファン・トムクは、スケジュールにはゆとりがあるほうが、生産性が高まると指摘しています。

なぜゆとりが必要かというと、端的にいえば想定外なことに対応できないからです。特に、作業手順が明確に決まっている定型業務ではなく、想定外が起こりうる非定型業務の場合、人の稼働率を限界まで高めてしまうと、効率と成果物の品質が落ちてしまうと述べています。

私たちは、あるべき理想的な状態が「余裕時間を持つこと」だと理解しています。にもかかわらず、私たちはつい予定をどんどんと詰め込んでしまいます。これは本当に悩ましい問題で、私自身も、意識しないとすぐにスケジュールを予定で一杯にしてしまいます。無意識に「予定を詰め込む」＝「時間を有効活用できている」と思ってしまうのかもしれません。

そう考えると、「スキマ時間の活用」というテクニックには、もちろんメリットがある一方、怖さもあることがわかります。**スキマ時間の活用を徹底していくと、私たちは「常に忙しい状態」になってしまう**からです。

まさにこの点を指摘したのが、『WHITE SPACE ホワイトスペース：仕事も人生もうまくいく空白時間術』（東洋経済新報社）という書籍で、私たちがつい「空白」を恐れて「予定」を入れてしまうことに警鐘《けいしょう》を鳴らしています。

著者のジュリエット・ファントは、あえて予定を埋めず自分の意志で活動を停止する時間のことを**「戦略的小休止」**と呼んでいます。

著者によれば、戦略的小休止とは、「一日の中に考える（そしてひと息つき、内省し、計画し、創造する）ための自由な時間を設ける、というアイディアだ」とのことです。

このことは科学的にも支持されています。

たとえば、ノースカロライナ大学のソフィア・チョーらの研究では、予定された休憩とは別に取る5分ほどの短い休憩のことを**「マイクロブレイク」**と呼び、たとえ疲れていたとしても、マイクロブレイクを積極的に取ることで、より良く仕事に取り組めるようになるとわかっています。

このように、スキマ時間を仕事にあてるのか、それともマイクロブレイクを取るのか、それぞれにメリット・デメリットがあります。

ゴールを間違えてはいけません。

私たちのゴール（理想）は、「（スキマ時間などを活用して）予定を一杯にすること」ではないのです。予定を詰め込んだ先に待っているのは、「忙しい日々」です。これがあなたの目指す理想の状態なのでしょうか？

私たちが目指すべきゴールは、「スケジュールに余裕がある」という状態のはずです。そして、余裕がありながら、成果も出せていたら嬉しいですよね。

後述しますが、科学的には、「スケジュールに余裕がある人ほど成果を出せる」ということまでわかっています。

どれだけ効率を上げても、時間も幸福度も増えることはない

▼仕事のスピードを上げれば、早く帰れるのか？

さて、またここで質問です。

質問▼
仕事のスピードを上げれば、あなたは職場を早く出られるか？
■ YES or NO？

この質問に対しては、YES、NOどちらの意見も多いはずです。

ですが、この答えはＮＯです。なぜなら、仕事は無限にあるからです。ある仕事が早く終われば、すぐにまた別の仕事があなたに振られることになります。また、そもそも１つの仕事だけで見ても、仕事に正解（答え）があるケースはまれであり、「終わり（完璧、１００点）」に到達することはありません。仕事は、どこまでも完成度の追求ができるものです。

仕事の効率という観点で考えれば、私たちの効率は過去と比べて劇的に改善しているはずです。

なぜなら昔の人と異なり、私たちはパソコンという最強の効率化ツールを持っているからです。昔は人に資料を送るには郵送などに頼る必要がありましたが、今では電子メールによって一瞬で資料を送れます。近年では、ＡＩも進化し、生産性革命と呼べるほどの効率アップが実現しています。

過去と比べると2倍、３倍と効率は上がっているように思えるのですが、それにともなって、私たちの労働時間は、半分、３分の１になっているでしょうか？

以上のことでわかるのは、「効率アップ（スピードアップ）」と「労働時間が短くなるか（早く帰れるか）」は、別問題だということです。

これに関連して、立教大学の中原淳教授は、日本の職場の特徴として「仕事の無限性」を挙げています。

一般に、日本以外の国ではジョブ型の雇用が主流です。ジョブ型の雇用とは、採用時点でやるべき仕事が明確だということです。

たとえば、「あなたを採用します。あなたにはデータ分析の仕事をしてもらいます。したがって、あなたの年収は７００万円です」のような具合です。そして、自分の仕事が明確に決まっていることから、自分の仕事が終わればすぐに帰ることができます。

一方、日本はメンバーシップ型の雇用といわれています。メンバーシップ型の雇用では、採用段階でやるべき仕事が決まっておらず、職場に配属されてから仕事が割り振られます。

つまり、日本の職場では「職場の仕事をみんなで分け合っている」状態です。これは「仕事の範囲が不明確」と言い換えることもできます。

メンバーシップ型の雇用が主流の日本では、あなたが担当する可能性のある仕事の範囲は「職場にある仕事すべて」なのです。このことから、中原氏は日本の職場の特徴として、「仕事の無限性」を挙げています。

さらにわかることは、日本の職場（メンバーシップ型の雇用）では、ほかの人より早く帰りにくい、という状況が生まれることです。自分だけ早く帰るということは、ほかの人に仕事を押し付けているように見えてしまうからです。

このことからも、やはり「効率化（スピードアップ）」と「労働時間が短くなるか（早く帰れるか）」は、別問題だということを再認識できます。

日本では、あなたの仕事の範囲は「職場にある仕事すべて」なのですから、あなたが今抱えている仕事を終えたとしても、ほかの仕事がどんどんとあなたにやってくることになります。

▼仕事の効率を上げても幸福になれないが、幸福だと仕事の効率は上がる

さきほどの議論から、仕事のスピードアップを行っても、あなたの時間は増えないとわかりました。そして、あなたの時間が増えないということは、仕事のスピードアップがあなたの幸福度を高めることにはつながらない可能性があります。

むしろ逆に、**「幸福になることで、仕事の効率が上がる」**ことが示唆されています。慶應義塾大学の前野隆司教授の研究では、**「幸せな社員は不幸せな社員よりも生産性が1・3倍になり、創造性が3倍高く、欠勤率・離職率が低い」**と判明しています。

ほかにも、ウォーリック大学の研究チームによるユニークな実験では、幸福度が高まることでパフォーマンスが向上することを示しました。この実験では、学生に「お笑い動画」を見せると、幸福度が高まり、算数の問題の正答数が多くなりました。

これらの結果からわかることは、プライベートと仕事は不可分ということです。しかも、プライベートを充実させることが、仕事の生産性を高める可能性があります。

さきほどの実験にあったように、たとえばあなたがお笑い好きなら、お笑いのライブに行って幸福度を高めることで、仕事のパフォーマンスが向上するかもしれません。もちろんお笑いに限らず、音楽、旅行、映画鑑賞など、あなたが好きなことでプライベートを充実させれば、それが仕事にもプラスの影響を与えるのです。

質の高い仕事・時間につながる「減らす」という考え方

▼私たちは、「忙しさ」で安心を得ている

ここまで、「日本人が忙しくて自分の時間がないと感じる理由は、やるべきことが多いから」、「スケジュールにゆとりがあるほうが、かえって生産性が高まる」、「仕事のスピードアップで時間は増えない」「幸福だと生産性が上がる」などについて論じてきました。

以上から、私たちがすべきことは明確です。

それは、**「やるべきことを減らすこと」**。そして、**時間にゆとりを持つこと**です。

そこで、質問です。

質問

次のAさんとBさんでは、どちらが有能に思えますか？

■ Aさん「最近は非常に忙しいです」

■ Bさん「最近は暇ですね」

おそらく、Aさんという意見が多いのではないでしょうか？

スケジュールに空白があることに対して、恐怖を覚える人もいるはずです。改めて強調しますが、私たちは無意識に、予定をどんどんと詰め込んでしまいます。

これは、もしかすると「他人から求められている」という安心感を得るためなのかもしれません。予定が空いていると、「私は必要とされていない」と感じる人もいるでしょう。

これは、つい他人に「忙しいアピール」をしてしまう心理に似ています。

コロンビア・ビジネススクールのシルビア・ベレッツァらの研究チームは、**忙しく時間がない人は、社会から望まれる特性・能力を持っていると認識される傾向にある**

ことを示しました。

研究者たちは、ブランド品などの贅沢品が自己顕示のシグナルとしての価値を失い、その代わりに「時間の希少性」が自己顕示のシグナルになっていると述べています。

意外なことに、どうやら「忙しいアピール」には効果がありそうです。「忙しいアピール」をすることで「私は社会から望まれている人間だ」と示すことができるのです。

ついに、私たちがつい予定を詰め込んでしまう現象の仕組みが見えてきました。**私たちは、「忙しい」と他人に伝えることで「自分は需要のある人間だ」「社会から求められている人間だ」と伝えている**のです。そして、先の研究にもある通り、「忙しい」と言われたほうも「需要のある人なんだ」と思ってしまうことがさらに状況を悪くしています。

こうして、私たちは「忙しくありたい」と思ってしまうのでしょう。

再度述べますが、私たちを忙しくしているのは、私たち自身（自己顕示欲）ではないでしょうか？

ついスケジュールを埋めてしまう理由の1つが、自己顕示欲だと知っておくことは大事です。だからこそ、自己顕示欲に負けず、スケジュールに余裕を持つための行動を取る勇気が湧いてきます。

▼忙しい仕事が「私は良い仕事をしている」と錯覚させる

仕事の優先順位をつけるときに、緊急度と重要度の2つを考慮するという考え方が有名ですよね。この方法は、世界的超ベストセラー『7つの習慣』（キングベアー出版）の著者として有名なスティーブン・コヴィー博士によって広まりました。

このやり方は世界中で広く知られており、優先順位の付け方の代表例といえます。

それでは、質問です。

質問▼
緊急度と重要度の2つのうち、仕事の優先順位をつけるときにあなたはどちらをより重視しますか？

多くの人が、緊急度、つまり期限を重視していると答えます。

ここに気づきにくい落とし穴があります。**緊急度の高い仕事は、あなたに「良い仕事をした」という感覚を与えてしまう**のです。

冷静に考えると、あなたの仕事の価値は、その仕事の重要度によって決まるはずです。にもかかわらず、緊急度の高い仕事は、その重要度を隠してしまいます。

重要度が低いささいな仕事でも、緊急度が高ければ「大事な仕事をした」「良い仕事をした」と思い込んでしまうのです。仕事をするときは、このような「緊急度の錯覚」に陥らないようにすることが大事です。

忙しい毎日を送っていると、私たちはつい「今日も頑張った」と思ってしまいます。頑張っているのは間違いないのですが、そこで自分に尋ねてほしいのが、「重要度の高い仕事に取り組めたか？」です。

忙しい日々を送る中で、緊急度の錯覚に陥り、「今日も良い仕事をした」と思ってはいないでしょうか？

ちなみに『7つの習慣』では、多くの人が後回しにしがちな「緊急度は低いけれど、とても重要な仕事」に着手できる人が、本当に仕事ができる人だとされています。ぜひ仕事を減らす勇気を持ってください。その先に、あなたの幸福や成功が待っている可能性があります。

▼大きな仕事を成し遂げるために必要なのは「時間的な余裕」

さきほど、「スケジュールにゆとりがあるほうが、かえって生産性が高まる」というハーバード・ビジネススクールの研究を紹介しましたが、そのほかの研究でもそのことが示されています。

アメリカのラトガース大学のガブリエラ・トニエットらによる研究では、予定を詰め込むことで起きる深刻なデメリットを指摘しています。それは、「難しい仕事（大きな仕事）に取り組むのを先延ばししてしまうこと」です。

私自身、これは大きな問題だと認識しています。ささいな仕事に追われ、大事な仕事が後回しになるということだからです。多くの人がこの罠に陥っているのではないでしょうか？　さらに言えば、これこそ大多数の人が、仕事で大きな結果を出せない理由ではないでしょうか？

「目の前の仕事で手一杯になり、時間に余裕があれば取り組める重要な仕事に着手できない」、このような理由から仕事で満足のいく結果を出せていない人は多いです。

ここからわかることとは、仕事の優先順位付けはやはり大事だということです。

これに関連して、有名な逸話があります。

それは、先にも登場した『7つの習慣』の著者であるスティーブン・コヴィー博士によって広まった『Big Rocks（大きな石）』です。

この話は伝言ゲームのように語り継がれた結果、人によってやや異なる内容になっていますが、私が聞いたのは次のような内容です。

ある日、タイムマネジメントの専門家がビジネススクールの学生に対し、「よし、クイズの時間だ」と言いました。それから彼は大きな瓶を取り出し、目の前のテーブルに置きました。そして、彼はこぶし大の大きな石を、1つずつ慎重に瓶の中に入れました。

瓶がいっぱいになるまで石を詰めて、彼は学生に聞きました。

「この瓶はいっぱいか？」

クラスのみんなは「そうだ」と言いました。すると彼は「本当か？」と言い、テーブルの下に手を伸ばし、砂利の入ったバケツを取り出しました。それから彼は砂利を中に放り込み、瓶を振ると、砂利の破片が大きな石の間の隙間に落ちていきました。

それから彼は微笑みながらもう一度学生に尋ねました。

「瓶はいっぱいか？」

「おそらくそうではありません」とひとりが答えました。

「そうだ」と彼は返事をし、テーブルの下に手を伸ばし、砂の入ったバケツを取り出しました。彼は砂を投げ込み、砂は石と砂利の間に残ったすべての空間に入りました。もう一度彼は「この瓶はいっぱいか？」と質問しました。

「違う」とクラス中が叫びました。

彼は水の入ったピッチャーをつかみ、瓶の縁が満たされるまで水を注ぎました。

それから彼は、

「私が何を言いたいのかわかるだろうか？」

と尋ねました。

熱心な学生が手を挙げて言いました。

「重要なのは、スケジュールがどんなに詰まっていても、一生懸命頑張れば、いつでももっと多くのことをスケジュールに組み込むことができるということです」

「いや、そうではない」と彼は言いました。続けて、

「これが教えてくれる真実は、最初に大きな石を入れなければ、大きな石は決して瓶の中には入らないということだ。先に砂利や砂、水を入れると、もう大きな石が瓶に入らなくなってしまう。あなたの人生にとっての大きな石とは何だろうか？　達成したいプロジェクト、大切な人との時間、信仰、教育、お金。それらの『大きな石』を最初に入れることを忘れてはいけない。そうしないと、それらが入り込む余地がなくなってしまう」


この逸話は、私たちに大事なことを教えてくれます。

それは、「ささいなことを先にスケジュールに組み込んではいけない。本当に大事

なことを先にスケジュールに組み込むべきだ」ということです。
以上から、私たちが理解すべき真実は、やはり、

「大きな仕事を成し遂げるためには、時間的な余裕が必要だ」

ということなのです。
実はこれは、古くから指摘されていたことで、現代経営学の父と呼ばれるピーター・ドラッカーは次のように述べています。

「いかなる成果もあげられない人のほうがよく働いている」

一橋大学名誉教授で『「超」整理法』などで知られる野口悠紀雄氏は、「超デキる人の『スケジュールが白い』ワケ」（PRESIDENT Online）で次のように述べています。

スケジュールがぎっしり埋まっているビジネスパーソンは有能と思われがちですが、実際は逆です。ひたすら受け身の予定をこなして時間を費やしている人です。そうした人が、腰を据えて取り組まなければならない重要な仕事ができるでしょうか。重要な仕事を遂行するためには、主体的に使えるまとまった時間、つまり白いままのスケジュール欄を確保しなければならないのです。

「忙しい毎日」の先に待っているのは、忙しいだけで何も成し遂げられない人生かもしれません。

大きな成果を出すには、勇気を出して「仕事を減らす」べきなのです。

豊かな人がやっているのは、やるべきことを減らすこと

▼適度な自由時間があると、幸福度が高くなる

例の如く質問です。

質問▼ あなたはお金と時間のどちらを好みますか？

これに対する答えはさまざまで、お金という人もいれば、時間という人もいるでしょう。ただ、カリフォルニア大学のハル・ハーシュフィールドらの研究では、「時

間」と答えた人のほうがより幸福だとわかっています。また、ブリティッシュ・コロンビア大学のアーロン・ワイドマンらの研究でも同様の結果が示されています。したがって、私たちはどうやらお金よりも時間を重視したほうが幸福になれるようです。そして、お金を得るための主要な手段は労働です。やはり働きすぎは良くなさそうです。

次に気になるのは、私たちに必要な時間（自由時間、余暇時間）はどれくらいかということですね。そこでまたまた質問です。

質問
あなたの一日の自由時間（睡眠時間を除く）は、何時間でしょうか？

ペンシルベニア大学のマリッサ・シャリフらの研究によると、一日の自由時間が2時間までは幸福度が上がり、2時間から5時間で幸福度は横ばいとなり、5時間を超えると幸福度が低下していくとのことです。

したがって、自由時間は短すぎても長すぎても問題で、2～5時間の自由時間のときに、私たちの幸福度が高まるようです。

ただし、睡眠時間を削っているかには注意しなければなりません。睡眠関係のさまざまな論文を横断的に解析した結果では、どうやら一般的な社会人は7～8時間ほど寝なければならないとわかっています。

自由時間や睡眠時間が少ないという人は、やはり労働を減らす必要があるかもしれません。何度も述べていますが、仕事を減らすことを恐れないでください。

また、本章冒頭で、日本人が「忙しくて自分の時間がない」と感じる理由は、「労働時間が長いから」ではなく「やるべきことが多いから」だと指摘しました。仕事は当然として、「やるべきことを減らす」を、プライベートでもぜひ検討してみてください。

改めて、SNSにより、対応が必要なコミュニケーション量が増加していることを考えてみましょう。

これに関連して、近年では「SNS疲れ」という言葉が生まれています。デジタル大辞泉では、ＳＮＳ疲れを次のように定義しています。

ソーシャルネットワーキングサービス（ＳＮＳ）やメッセンジャーアプリなどでのコミュニケーションによる気疲れ。長時間の利用に伴う精神的・身体的疲労のほか、自身の発言に対する反応を過剰に気にしたり、知人の発言に返答することに義務を感じたり、企業などのＳＮＳで見られる不特定多数の利用者からの否定的な発言や暴言に気を病んだりすることを指す。

たとえば、Ｘ（旧Twitter）、LINE、Instagram、TikTokと多くのＳＮＳを利用しているなら、どれか１つをやめてみるのはどうでしょうか。それだけでもあなたのやるべきことは大きく減る可能性があります。

やめるまでいかなくても、一時的にそれらを休止するのもいいでしょう。

バース大学のジェフリー・ランバートらの研究では、１週間、Ｘ（旧Twitter）、

Instagram、TikTok、Facebookの利用を休止すると、不安や気分の落ち込みが減り、幸福度が高まるとわかっています。

ほかにも、26ページで「選択肢の増加にともなって、やること（やりたいこと、やらないといけないこと）が増えている」と述べました。

私たちの周りには、過剰にモノがあふれています。改めて述べますが、選択肢の多さにはメリットがあると同時にデメリットもあるのです。

スワースモア大学のバリー・シュワルツは、消費者が購入するときに、製品の選択肢が多ければ多いほど、満足感は低くなると述べています。選択肢があふれていると、人は大切なものを見逃してしまうかもしれないと不安になり、その結果、ストレスや決断不能、後悔の感情が生まれるとのことです。このような問題のことを、選択過多と呼ぶのでしたね。

これに関連して、選択肢の中から「これに決めた！」と決断するたびに疲労することもわかっており、このことを「決断疲れ」といいます。

生産性の高い一日を送るためには、決断の回数も少ないほうが良いのです。

ベングリオン大学のシャイ・ダンジガーらの研究は、仮釈放を判断する裁判官が、一日のうちの早い時間帯なら仮釈放となる決断をし、時間がたつにつれて現状維持（仮釈放を決断しないこと）を選ぶ確率が高くなることを示しました。

つまり、裁判官は、多くの決断をしていくうちに認知資源（決断や意思決定をする際に必要な気力のようなもの）が枯渇し、決断できずに結論を先送りしてしまうということです。

以上、選択過多と決断疲れから、なんと私たちは、多すぎる選択肢を思い浮かべるだけで疲労し、さらに決断することでもっと疲れていくのです。

疲れない生活を送るためには、「さて、今日の朝はコーヒーと紅茶と緑茶と麦茶と牛乳のどれを飲もうかな？」と考えてはいけないのです。最初から「朝はコーヒーを飲む」と決めていたほうが、疲労しにくくなります。

私たちにとっては、「やるべきことを減らす」だけでなく、モノや選択肢を減らすことも同時に重要なのです。

第2章

思考のムダを減らす

思考のエントロピー増大の法則

▼頭の中は意識的に片付けないと散らかる

本章ではまず、「考える」という行為、つまり思考を減らす方法について紹介します。作業や仕事そのものをいきなり減らすのではなく、考え方や思考を最適化することで、あなたの実際の時間や体感の時間は大きく変わってくるはずです。

まずすべきは、頭の中の状態をシンプルかつ、軽くしていくことです。

そのために大事な概念として「思考のエントロピー増大の法則」というものからお伝えしたいと思います。

「思考のエントロピー増大の法則」という大げさな言葉が出てきましたが、ご安心ください。特に難しいことを話したいわけではありません。

　エントロピーとは、物理学などで用いられる言葉で、簡単にいえば「秩序のなさ（＝乱雑さ、混乱度）」の大きさを表す概念です。したがって、「エントロピー増大の法則」とは、これも大雑把に述べると、「物事は、自然と乱雑な方向に向かっていく」ということを意味します。

　これは、どんなにきれいな机でも、どんどんとモノがあふれて汚くなっていくことに似ています。

　なぜ、物理学などに登場する「エントロピー増大の法則」という言葉を紹介したかというと、**「人間の思考」にもエントロピー増大の法則が適用される**からです。

　何か考えたいことがあって、あれこれと考えをめぐらすとします。私たち人間の思考は頭の中で行われていますが、頭の中にある状態のままでは、実は考えがうまく整理されていないのです。

そのことを示すわかりやすい例が、就職活動の面接で話す自己ＰＲです。

さて、それでは今から、あなたは面接を受けると思ってください。

そして、頭の中だけで自己ＰＲの内容を考えてください。ここが大事な注意点で、準備の際に「書く」「口に出す」などの作業を行わないでください。


「さて、それでは面接を始めます。あなたの自己ＰＲを話してください」


おそらく、まともな自己ＰＲを話せる人は少数だと思います。

ここでわかってくるのが、**「書く」「口に出す」などをして、頭の中から自分の考えを外に出すことで、はじめて思考は整理される**ということです。

私もそうですが、おそらくあなたも、就職活動の際に自己ＰＲの内容を書き出したのではないでしょうか？

そして、書き出していくうちに、自分の考えが整理されていった経験があるはず。

逆にいえば、書き出したり、口に出したりしない限り、思考は整理されず散らかっていく一方だということです。

思考を整理する方法

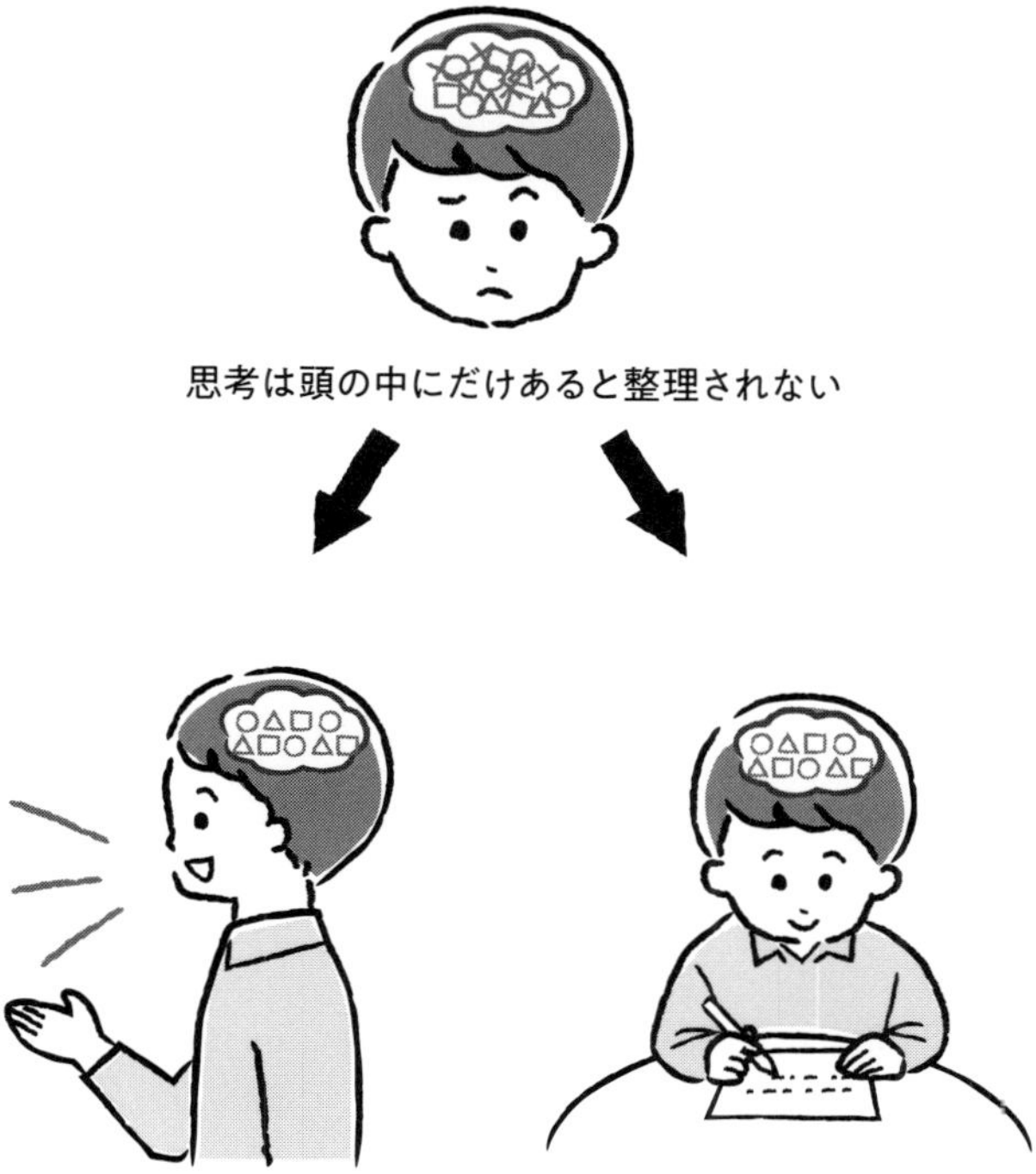

「口に出す（話す、伝える）」「書き出す」
といったアウトプット（外化）
をすると整理される

▼思考は「外化」することで整理される

以上のような、**頭の中で思考したことを、書いたり声に出したりして外に出すことを認知科学の用語で「外化」といいます。**日常用語としては「外部化」という言葉がよく用いられますが、科学的には「外化」という言葉を使います。

外化には、次のようなメリットがあるといわれています。

①思考の整理
②思考の負担軽減
③記憶の保持
④他者との共有
⑤新たな視点の獲得

このようにメリットを羅列すると、外化はとても有効な手法に思えますよね。

近年では、スポーツにおいて「言語化」が重要視されていますが、これも外化に近い例です。

たとえば、野球の指導において「こうやって打て！」という指示では、言われたほうは解釈が難しいですし、バッティング動作において身体のどこに注目すべきかわかりません。もっと具体的に、身体のどこに注目してどのようにすればよいかを明確にすれば、より適切な指導につながります。

かつて元プロ野球選手のイチローは、「僕は天才ではありません。それは、どうしてヒットを打てるかを説明できるからです」と述べていましたが、言語化には再現性が高まるというメリットがあります。

再現性が高まるということは、自分の今後にとって有益なだけでなく、他者に技術を伝えることができるということなのです。

思考を整理する「外化」という技術

▼情報は「理解をする」と使える知識に変わる

私は大学の講義や企業研修の講師をする中で、常々思っていることがあります。

それは、人に説明するためにスライドを作ったりテキストを作成したりすることで、頭の中の思考がきれいに整理されていくということです。外化というのは、理解を深める本当に素晴らしい手法だと思っています。

ところが、このようにスライドやテキストを作成しているときに、ふと作業の手が止まってしまうことがあります。

さて、なぜ手が止まってしまうのでしょうか？

その理由は明白です。それは、「考えがまとまっていない」から。つまり、伝えたい内容を、正しく理解できていないのです。そして、自分が理解できていないということを、書き出したり人に説明したりするまで気づかないことも多いです。

外化には、自分の無理解を自覚させる効果もあります。

また、私は「説明がうまい」と言われることがあるのですが、自分ではその要因を「きちんと理解しているから」だと認識しています。

私は学生時代に後悔していることがあります。それは、「正しい理解」を後回しにして、とりあえず暗記に頼ってしまったことです。英単語を暗記する、数学の公式を暗記する、歴史の用語を暗記する、このような勉強法を行っていたのです。

暗記という勉強法は、まさに劇薬です。

学生時代、暗記はコストパフォーマンスに優れた勉強法のように思えました。費やした時間に対する成績の上がり方が良いのです。しかも若いからこそ、ある程度記憶できてしまうのですよね。暗記すればするほど、おもしろいように成績が上がっていきました。したがって、私は暗記を最良の勉強法だと思ってしまったのです。

▼「WHYで考える」ことが正しい理解につながる

しかし、暗記に頼った勉強には大きな副作用がありました。

それは「勉強が楽しくなくなること」です。暗記をしている間は、ただただ苦痛に耐える時間でした。暗記は筋力トレーニングに似ています。トレーニングをしている間はつらいですが、目に見えて筋肉がついてきて嬉しくなりますよね。

そして、副作用はもう1つありました。

それは、「使えない知識になってしまったこと」です。

歴史という科目がまさにそうでした。受験時、私の日本史や世界史の成績は悪くなかったのですが、大人になって気づいたことは、受験時に学んだ知識をまったく生かせないということです。

問：哲学書『自省録』を著したことで有名なローマ皇帝は誰か？
解答：マルクス・アウレリウス・アントニヌス

このような一問一答形式で歴史の勉強をしていたため、点数は取れても歴史の理解には程遠い状況でした。もし日本史や世界史をしっかり理解していれば、今、世界で起きている出来事をもっと正確に把握できるのに……とよく反省しています。

江戸時代初期に、徳川家は武家諸法度（大名の統制制度）や禁中並公家諸法度（天皇および公家の統制制度）の制定、参勤交代の実施、キリスト教の禁止、鎖国などを行いましたが、これらはすべてバラバラの知識ではなく、「江戸幕府の力を強化し安定させるため」に行われたものでした。

真に覚えるべきは、テストに出るそれら制度の名前ではなく、「ＷＨＹ（理由）」なのです。ＷＨＹこそがバラバラの知識をつなげて、私たちを正しい理解に導いてくれます。

このような正しく理解する勉強法は、すぐに成績・点数がアップしません。しかし、長期的には暗記よりもずっと「生きた知識」になり、しかも学ぶ楽しみがあります。私には幼い娘がいるのですが、娘には小さい頃から「きちんと考えて理解することの重要性」を伝えようと決めています。

▼しっくりくる説明を探せ

さきほど、理解のためには「WHY（理由）を知ること」が重要だと言いましたが、ほかにも私なりのコツがあります。

それは、**「自分がしっくりくる説明を探すこと」**です。

たとえば、さきほどエントロピーという言葉を紹介しましたが、さまざまな人がさまざまにエントロピーとは何かを説明しています。

ある説明では、「エントロピーとは、熱力学および統計力学において定義される示量性の状態量である」となっていました。仮に正しい定義であったとしても、それをすんなりと理解できる人は少ないはずです。

勉強する際のよくある誤解が、「なんで私は教科書を理解できないんだ。やっぱり私は頭が悪いんだ」というものです。

これはあなたの頭が悪いのではなく、テキストに書かれている説明が、あなたに合っていないだけなのです。そういうときは、別のテキストを見たり、インターネット検索をしたりしてみてください。

本書では、「エントロピーとは、秩序のなさ（＝乱雑さ）の大きさを表す概念」と紹介しましたが、あなたにはどちらの表現がしっくりくるでしょうか？

コーネル大学教授で「認知心理学の父」と呼ばれるウルリック・ナイサーは、暗記と理解のどちらが記憶にとって重要かを調べる実験を行いました。この実験の対象となったのは無意味情報（たとえば、円周率＝3・14159265358979323８……）の記憶ではなく、有意味情報です。次のような有意味情報の文を多く記憶します。

①力の強い人が本を読んだ

②お腹がすいている人がネクタイを買った

そして、暗記して覚えるグループはひたすら繰り返し声に出して丸暗記し、理解して覚えるグループは「なぜ」を補って文章の必然性を把握しようとしました。それは次のような具合です。

①力の強い人が（ボディビルの）本を読んだ
②お腹がすいている人が（高級レストランに行くために）ネクタイを買った

実験の結果、多くの文を記憶できたのは、理解して覚えたグループのほうでした。つまり、有意味情報の記憶では、暗記するよりも理解することを心がけたほうが、記憶に残りやすいということです。やはり日本史や世界史は、覚えようとするより理解しようとしたほうが良いようですね。

「やるべきこと」「やってはいけないこと」の2つを整理する

▼「やってはいけないこと」を決めれば、思考のムダが減る

テレビを見ていると、ある芸能人が次のようなことを言っていました。

「好きな人がいて、まだお付き合いしていないときに、何送ろう、打っては消して、打っては消して、みたいなことをしていた。だけどここ数年一切ない。言い方が難しいんだけど、恋愛というものを卒業した」

言い換えると、恋愛というものを思考・悩みの対象から外したということでしょう。

実は私も、この芸能人と似たような考えを持っています。

さらにそれに関連して、私は、人間関係とはそもそも「悩んではいけないもの」だと決めています。

たとえば、あなたにはとても苦手な人がいて、その人のことで悩んでいるとします。ところが、その苦手な人は、あなたのことについて悩んでいるでしょうか？　おそらく、悩んでいないのではないでしょうか？　向こうはあなたについて悩んでいないのに、あなたはその人のことについて悩んでいるのです。

まず、この構造が悔しいのです。自分はこんなにも苦しんでいるのに、相手は笑顔でステーキを食べているかもしれません。したがって、私は悔しいので悩まないよう決めています。

また、何をしようがわかり合えない人はいるものです。それを教えてくれたのは私の妻でした。妻とは十数年来の付き合いですが、どれだけ議論を重ねようが主張が平行線となっているものが多くあります。ずっと一緒に暮らしている人とですらわかり合えないのですから、他人とならなおさらわかり合えないだろうと思っています。

以上から、私は「人間関係は悩んではいけないもの」だと決めているのです。悩まないと決めてしまえば、意外と悩まないものですね。

「恋愛や人間関係について悩まない」のように「やらないこと」として決めておくと、思考のムダは減ります。

▼悩むこと自体をやめる

マッキンゼーというコンサルティング会社出身で慶應義塾大学の安宅和人氏は、そもそも「悩む」という行為自体を「やってはいけない」と指摘し、「悩んでいると気づいたら、すぐに休め」と強調しています。

確かに、悩んだ結果として何かプラスになる結論が出れば良いですが、だいたい悩んでいる段階で、今の知識ではまともな結論を出せないことが多いですよね。

だからこそ、悩んでいると気づいた瞬間に考えるのをやめ、ふとした瞬間に新しい視点に気づくのを待ったほうが時間を有効に使えます。

ジョンズ・ホプキンス大学のコービン・カニンガムらの実験では、「タスクの達成のためには、『無視すべき情報』を知っておくとタスク達成率が高まる」と判明しました。TODOリストはよく知られている生産性を高めるための手法ですが、同様に、「やらないことリスト」もパフォーマンスを高める可能性があります。

ハーバード大学の著名な経営学者であるマイケル・ポーターは、戦略の本質は「何をやらないかにある」と述べています。また、アップル社の創業者であるスティーブ・ジョブズも「何をしないのかを決めるのは、何をするのかを決めるのと同じくらい大事だ」と話しています。

このように、「やらないこと」に注目する偉人は多いです。

ちなみに、私の「やらないことリスト」には次のようなことが書かれています（すべてを公開するのは恥ずかしいのでご勘弁ください）。

①悩む（特に人間関係）
②感情的になる
③遅刻する
④狭量（心が狭い）
⑤人によって態度を変える
⑥お金をごまかす
⑦予定を詰め込む
⑧マルチタスクをする
⑨睡眠時間を削る
⑩じゃがいもを食べる　※じゃがいもは体重増加と関係があるという論文あり
⑪白米を食べる　※極力玄米を食べる
⑫質の悪い油を取る
⑬アルコールとカフェインの過剰摂取
⑭旅行先の食べ物の選択に悩む
⑮服装の選択に悩む

ほかにもいろいろとあるのですが、例示するのはこれくらいにさせてください。旅行に行くとき、20代の頃はどこでご飯を食べるかについて延々と悩んでいたのですが、「悩むのをやめる」と決めてからはずいぶんと時間の節約になっています。

「やらないことリスト」は、前章で触れた「決断疲れ」を避けることにもつながります。アメリカのオバマ元大統領は、任期中の8年間、パーティーや式典に出席するときには同じタキシードスーツを着続けていたことで知られています。

私も大学で授業をしているとき、スーツを着用する規定はないのですが、服装に悩むのが面倒なのでいつもスーツを着て授業をしています。

「やらないこと」を決めることは、ムダな思考を減らし、パフォーマンスを高めることにつながります。

優先順位を付けたら「思考のゴミの外化」をする

▼「やることリスト」の知られざるメリット

ここまで「やらないことリスト」について触れてきましたが、続いて「やることリスト（TODOリスト）」について考えていきましょう。

世の中には「やることリストを作るな」という人もいますが、多くの人にとってはやることリストを作ることにはメリットがあるでしょう。

さて、久々に質問です。

質問▼ 英単語を覚えた場合、人は一日でどれくらいの情報を忘れるか？パーセントで答えてください。

覚えるべき英単語が１００個あるとして、翌日には何個の英単語を忘れているか、とイメージしてみてください。

答えは約75％です。これは、エビングハウスの忘却曲線として広く知られた結果であり、塾や予備校の先生が復習の重要性を強調するためにしばしば引用します。

私たちがやることリストを作る理由の1つは、「人間は情報を忘れてしまう」からです。頭の中だけに情報があることには、失念するというリスクがあります。

そうして私たちはやることリストを作るわけですが、やることリストを作ることにはほかにもいくつかの知られざるメリットがあります。

質問▼ やることリストを作る、「忘れない」以外のメリットは何でしょうか？

脳科学者や医者がよく指摘していることに、「やることリストを作ると集中力が上がる」というものがあります。やるべきことが頭の中だけにある状態だと、それらが気になって、目の前の課題に集中できなくなります。やるべきことを書き出していくと、安心して忘れることができ、目の前の課題に集中できるようになるのです。

やることリストを作ることには、集中力が上がるという知られざるメリットがあります。

▼優先順位は「重要度」よりも「影響度」で考える

やることリストを作ったら、次にやるべきは優先順位を付けることです。

私がよくされる質問の1つに、「優先順位を付けるのが苦手です。どうすればいいですか？」というものがあります。

さきほど、スティーブン・コヴィー博士による緊急度と重要度を考慮した優先順位付けについて触れましたが、緊急度と重要度という言葉がざっくりしすぎていて、使えない人が多いようです。緊急度はイメージしやすいと思いますが、重要度を判断するにはさまざまな要素を考慮する必要があります。たとえば、次のような項目です。

①仕事そのものの重要度
②誰に依頼されたか
③かかわっている人数が多いか
④不確実性はあるか

「②誰に依頼されたか」について、ささいな仕事の依頼であったとしても、依頼してきたのが立場の高い人である場合、優先して仕事をするべきときもあるでしょう。

「③かかわっている人数が多いか」について、多くの人がかかわっている仕事なら、先に対応したほうが無難です。自分ひとりで完結する仕事の場合、少々遅れても影響は少ないですよね。

「④不確実性はあるか」について、不測の事態が起きないとわかっているなら、その仕事は後に回してもよさそうです。しかし、不測の事態が起きる可能性があるなら、時間的な余裕を持って仕事を進めていく必要があります。

また、緊急度についても、次の２つの要素の考慮が必要です。

①締め切りまでの時間
②自分の仕事のスピード

以上のように、優先順位を付ける際には多くの要素を踏まえる必要があります。

今見てきただけでも、緊急度に関連する２つの項目と、重要度に関連する４つの項目、合わせて６つを即座に判断しなければなりません。このような検討をすべての仕事について行うのは大変です。

したがって、優先順位の付け方は、さまざまな要素を考慮した総合的判断になってきます。だからこそ苦手な人が多いのだと思います。

ちなみに、私は**「重要度」という言葉より、「影響度」という言葉のほうが適切で**

はないかと考えています。

「影響度」という言葉であれば、さきほどの「重要度」についての検討事項（①仕事そのものの重要度、②誰に依頼されたか、③かかわっている人数が多いか、④不確実性はあるか）を包含できそうです。

影響度という言葉なら、「どうでもいい仕事だけど、社長肝いりで、しかもかかわっている人が多く、影響が大きいから先にやろうか」のように判断できます。

緊急度と重要度という優先順位の付け方にしっくりこない人は、緊急度と影響度で優先順位を検討してみてもよいでしょう。

▼思考のゴミの外化によるカタルシス効果

ここまで、「やることリスト」「やらないことリスト」などについて見てきましたが、そもそも、「書き出す」という行為自体にメリットがあることを改めて強調しておきます。

サザンメソジスト大学のジェームズ・ペネベーカーは、悩みやトラウマなどを書き出すことで、健康状態に大きな改善があったことを報告しています。その際、ポジティブな感情の言葉よりむしろネガティブな感情の言葉を書いたほうが、より健康状態が改善したとのことです。

不安などを書き出すことで、ネガティブな感情が消えてすっきりすることを、カタルシス効果（浄化効果）と呼びます。

不安や悩みなどは、頭の中で私たちの集中を妨げる原因になります。そのような私たちの集中力を低下させる「思考のゴミ」については、書き出すことによって頭の中から外に出しておきましょう。

ほかにも、書き出すことのメリットは指摘されています。

頭の中で考えるだけでなく、紙に書いたりパソコンで資料を作ったりすると、「実は私はこんなことを考えていたのか！」と気づくときがあります。

実は、これに似た現象にも名前がついており、自分が発した言葉によって自分の潜在的な考えに気づくことをオートクライン効果といいます。私も、今こうして執筆をしている最中に、オートクライン効果を自覚しています。

やるべきことも、やらないことも、不安や悩みも、「書き出す」ことで、思考のムダを減らし、集中力を向上させ、仕事のパフォーマンスを高めることにつながります。

第3章

作業のムダを減らす

自己犠牲で仕事を引き受けない

▼仕事を引き受けるのか、断るのか？

質問▼
あなたはとても忙しいと仮定します。あるとき、上司から追加の仕事の依頼を受けました。あなたは仕事を引き受けますか？　断りますか？

理想としては断りたいものの、現実としては引き受けているという人が多いのではないでしょうか。ビジネス書などでは、「仕事は断れ！」という主張の本が多いですが、まず前提として、仕事を引き受ける、断る、それぞれにメリットがあります。

【仕事を引き受けるメリット】
①信頼度や評価が上がる
②新しいスキルを身につける機会となる可能性がある
③（フリーランスなどの場合）さらに別の仕事をもらえる

【仕事を断るメリット】
①今、抱えている仕事に集中できる
②時間に余裕を持てる

書籍などでは「仕事を断れ！」と書かれる傾向にあります。しかしこれは、多くの人がつい安易に仕事を引き受けてしまうという現状に対して、警鐘を鳴らすという意味でその結論になっているのでしょう。当たり前ですが、「引き受ける」「断る」にはそれぞれにメリットがあり、常に断るという判断は当然ながら間違っています。

▼追加負担なしに仕事を引き受ける方法

こう言うと、私は「仕事を引き受けろ！」派だと思われそうですが、そうではありません。「引き受ける」「断る」という２つの選択肢で語られることが多いですが、実は第３の選択肢があります。

質問▼

「引き受ける」、「断る」以外の第３の選択肢とは何だと思いますか？

それは、**「頼み返す」という選択肢**です。

仕事を頼まれた瞬間は、頼み返すチャンスでもあるのです。

たとえば、あなたは期限に間に合わなそうなAという仕事を抱えているとします。

そのとき、上司から追加のBという仕事を頼まれました。

これは、実はチャンスなのです。この機会を利用して、頼み返します。

「Ｂの仕事をぜひ引き受けたいのですが、それを引き受けてしまうと、Ａという仕事を期限内に終わらせられないので、Ａの期限を延長してもらえますか？」

こうなったとき、上司の対応として次の３つが想定されます。

①Ａという仕事の期限を延長する
②Ｂという仕事をあなたに頼むことを諦める
③Ａの期限延長を拒否して、再度Ｂという仕事を引き受けるよう説得してくる

①と②ならあなたはラッキーです。頼まれたことを利用して自分の利益を得ることができました。③という可能性もありますが、ここで引き下がってはいけません。別の頼みを考え、とにかく少しでも譲歩を引き出しましょう。

ここで大事なことは、**頼み事をされた際に頼み返すことを常にリストアップしておく**ことです。代表的な頼み返すこととしては、

①別の仕事をなくしてもらう
②別の仕事をほかの人に振ってもらう
③期限を延長してもらう
④ミスを許してもらう（伝えられていないミスを明らかにして対応に追われていることを説明し、新たな仕事を引き受けるどさくさに紛れて許してもらう）
⑤ご飯を御馳走してもらう

などがあります（④⑤は常に使えるわけではありませんが）。

このように、頼み返す事項をリストアップしておくと、むしろ「何か頼んでくれないかな」という心境に至るときさえあります。さらに、頼み返しを行うことで、頼まれる前よりもやることを減らせる場合もあります。

仕事を引き受ける・断る、という2つだけでなく、ぜひ「頼み返す」という選択肢を持ってください。そうすれば、自己犠牲を少なくして仕事を引き受けることができます。

仕事を減らす「頼み返す」技術

ただ引き受けると仕事は増える
「頼み返す」で増やさない工夫をしよう

「自分でやらない方法」を考える

▼なぜ人は助けを求められないのか？

どうしても仕事が終わらないときや、抱えている仕事を減らしたいと思うとき、有効な選択肢は、ほかの人に助けを求めること、つまり「ほかの人に仕事を頼む」ことです。

ところが私たちは、「申し訳ない」「嫌な顔をされるかもしれない」「無能だと思われる」などの理由で仕事を頼むことを躊躇してしまいます。

コロンビア大学のハイディ・グラントは、人が頼み事を躊躇する脅威として、次の5つを挙げています。

①ステータスの脅威：地位・評価が下がる懸念
②確実性の脅威：リクエスト通りにやってくれない可能性
③自律性の脅威：自分でコントロールできなくなるストレス
④関係性の脅威：断られたら拒絶されたと認識
⑤公平性の脅威：対等な立場の崩壊

これらの脅威があるため、私たちが仕事を頼めないのは、ある意味当然といえます。

私の場合「②確実性の脅威」が気になるかもしれません。

そして「④関係性の脅威：断られたら拒絶されたと認識」を心配する人もいますが、意外にも、誰かに頼み事をすると、私たちの予想よりも引き受けてくれるとわかっています。

コーネル大学のバネッサ・ボーンズは、実験の参加者に、見知らぬ人に声をかけるよう指示し、どれくらいの人が依頼を受けてくれるかを調査しました。すると、参加者の予想の約2倍の人が、依頼を受けてくれたのです。

私たちは、人に頼み事をする際に、もう少し勇気を持ってもよさそうです。

また、バネッサ・ボーンズの別の実験では、依頼に関する興味深い事実も明らかになっています。

質問 ▼
対面とメールでは、どちらのほうが依頼を受けてくれるでしょうか？

答えは「対面」です。

バネッサ・ボーンズによると、**メールよりも対面のほうが依頼の成功率が圧倒的に高くなり、34倍もの効果があった**とのことです。また、メールでの依頼が過大評価される一方、対面での依頼が過小評価されていると指摘しています。

確かに、私の場合、メールで寄付の依頼をされるとメールをスルーしてしまうかもしれませんが、対面で寄付を依頼されると思わずお金をいくらか払ってしまいそうな気がしますね。

頼み事を引き受けてもらう禁断のテクニック

▼頼み事の抵抗感を大幅に下げる「双曲割引」

質問▼
今すぐ100円をもらうか、1年後に110円をもらうかなら、あなたはどちらを選びますか？

おそらく、今すぐの100円を選ぶ人が多いのではないでしょうか？
さて、突然ですが、ダイエットをしているとき、誘惑に負けてジャンクフードを食べてしまったり、運動をサボってしまったりすることがありますよね。

実は、ダイエットをしているのに、「ジャンクフードを食べること」と「運動をサボること」には共通点があります。

それは、「未来の体重減少」が「現在の誘惑」に負けてしまっているということです。

このように、**人は現在の利益と未来の利益なら、現在の利益を重視してしまいます。**

そして、人が未来よりも現在を重視することを説明する概念として「双曲割引」というものがあります。

なぜこんな話を始めたかというと、頼み事をする際にもこの双曲割引を利用できるからです。双曲割引を応用すれば、仕事を頼んだ相手の、引き受ける抵抗感・不快さを大きく減少させることができます。

双曲割引を利用した依頼の方法には次の2つがあります。

①可能な限り早く依頼する
②期限・納期までの期間をできる限り長くする

双曲割引から、人は「未来」の負担を過小評価します。**未来が先であればあるほど、その負担を小さく見積もる**のです。

１つ例を出しましょう。

「申し訳ないですが、あなたに仕事の依頼をしたいのですが……」

こう言った瞬間、頼まれた相手は警戒します。しかし、次の一言を述べた瞬間、相手の顔色は一気に変わるはずです。

「急ぎではないので、半年後までに終わらせていただければ問題ありません」

頼んでから期限までの時間が長いほど、「まぁ、先のことだし大丈夫か」と人は仕事を安請け合いしてくれるのです。

▼返報性の原理を使いこなす

次に、仕事を依頼するときは、依頼する人・される人の関係が良好でなければなりません。「人間関係を良好にする」というのは深く難しいテーマであり、「それができないから悩んでいるんだ」という人も多そうです。

しかし、仕事を依頼する・されるという関係を良好にするだけなら簡単にできます。それは、**「先に恩を売っておく」**ことです。わかりやすくいえば、「仕事を頼む人に貸しを作っておく」のです。先に恩を売っておけば、「いつもお世話になっているから……」とこちらの頼みをすんなりと聞いてくれるようになります。

このように、人間が借りを返したくなる心理作用のことを、**「返報性の原理」**と呼びます。ちなみに、私がおすすめする簡単に恩を売る方法は、「ことあるごとに、みやげや菓子などのモノを渡す」です。

長期休暇の際にみやげを買って渡すという行為は、一般に広く行われていて特に不自然なことではありませんので、相手もすんなりともらってくれます。

▼ 2つの承諾誘導技法を使いこなす

さらに、多用・悪用厳禁の依頼テクニックがあります。それは、科学的には承諾誘導技法と呼ばれるものです。承諾誘導技法には、主として次の2つがあります。

①フット・イン・ザ・ドア・テクニック（段階的要請法）
②ドア・イン・ザ・フェイス・テクニック（譲歩的要請法）

今からこれらのテクニックの説明をするのですが、設定として、とても難しい仕事があって、それを誰かに引き受けてもらいたいとしましょう。しかし、そのままの条件で仕事を頼むと、拒絶されてしまいそうなのです。そこで、承諾誘導技法を活用します。

まず、①フット・イン・ザ・ドア・テクニック（段階的要請法）です。

本来の依頼を、もっと簡単な依頼内容にして相手に受け入れさせます。その後、「実は条件が変わって」と本来の難しい依頼を改めて頼むのです。すると、多くの人が、条件が厳しくなってもそのまま引き受けてくれると判明しています。

たとえば、本来は期限が2日後の面倒な仕事があるとしましょう。そのまま頼むと、「2日後までには無理です」と断られる可能性が高いとします。そこで、期限を2日後ではなく、1カ月後として誰かに頼みます。そして、いったん「1カ月後」として受け入れてもらいます。そこで、「今、連絡があって、2日後までに終わらせる必要が生じた」として相手に本来の期限を伝える、というものです。

次に、②ドア・イン・ザ・フェイス・テクニック（譲歩的要請法）です。これは、本来頼みたい依頼内容よりも、もっと難しい依頼を頼み、一度相手に断らせます。その後、譲歩した姿勢を見せて、条件を落とした本来の依頼内容を伝えます。こちらの譲歩の姿勢を見せることで、「それなら……」と相手の譲歩を引き出すことが狙いです。

たとえば、本来は期限が1カ月後の面倒な仕事があるとします。そこで、条件をさらに厳しくして期限を1週間後として相手に頼み、「1週間後は無理です」と一度相手に断らせます。その後、「だったら1カ月後ではどうですか？」と本来の期限を提示します。頼まれた相手は、こちらの譲歩の姿勢を見て、自分も譲歩して引き受けなければという心理になることを狙います。

この2つに共通しているのは、本来の依頼内容とは異なる「ダミー依頼」を先に提示していることです。

①フット・イン・ザ・ドア・テクニック（段階的要請法）では本来より簡単なダミー依頼を提示して受け入れさせます。

②ドア・イン・ザ・フェイス・テクニック（譲歩的要請法）では本来より難しいダミー依頼を提示して一度拒否させます。②ドア・イン・ザ・フェイス・テクニック（譲歩的要請法）は、交渉の極意といわれる「交渉を有利に進めるには、ふっかけろ」に近いですね。

これら承諾誘導技法は、多用すると手口が露見して信頼をなくしてしまったり、効果が出なくなったりする可能性があります。だから禁断のテクニックなのです。

したがって、「ここぞ」という場面でのみの使用を推奨します。

今日やることは「6つ」に絞る

▼マルチタスクとシングルタスク、生産性が高いのはどっち？

質問

マルチタスクとシングルタスクでは、どちらが生産性（効率）を高めるでしょうか？

マルチタスクとは、複数の作業を同時に行うこと、もしくは短期間に仕事を切り替えることを指します。
一方、シングルタスクとは、できる限り1つの仕事に集中して取り組むことです。

そして、多くの論文で証明されているのが、マルチタスクで生産性が落ちるということです。

たとえば、ミシガン大学のデヴィッド・マイヤーとアメリカの運輸保安庁のジョシュア・ルービンシュタインらが行った調査では、マルチタスクを行うことで40％の生産性低下が認められる場合がありました。同様に、スタンフォード大学のクリフォード・ナスによる研究でも、マルチタスクの弊害が指摘されています。マルチタスクの悪影響を示した論文は、非常に多く存在しているのが現実です。

なぜマルチタスクで生産性が落ちるのか。

直感的に理解しやすいのが「ながら運転」「ながらスマホ」です。

たとえば、車を運転しながらスマートフォンを操作して、しっかりと運転ができるでしょうか。2つのことを同時に行うことによって、そのどちらも中途半端になってしまうことは、理解しやすいでしょう。

また、頻繁に仕事を切り替えることも推奨されません。なぜなら、仕事を切り替えることにはコスト（段取りのための作業・時間）がかかるからです。

「この仕事を行うには、このソフトを立ち上げ、あの資料を用意して」のように、ある仕事に取り組むためには準備が必要です。

したがって、多くの研究者はシングルタスク（1つの仕事に集中して取り組むこと）の重要性を指摘しています。コーネル大学のデボラ・ザックにいたっては、マルチタスクの弊害とシングルタスクの重要性を徹底的に論じた『SINGLE TASK』（ダイヤモンド社）という本すら出版しています。

以上のことから私たちが得られる教訓は、「仕事をする際にはタスクの切り替え回数は少ないほうが良い」ということです。

とはいえ、多くの人にとって「一日に1つの仕事しかしない」というのは現実的ではありません。では、一日のタスクの数を、どうやって決めるべきでしょうか？

▼ピックスリーとアイビー・リー・メソッド

実は、一日にやるべきことを何個に絞るべきかについて、有名なメソッドには次の2つがあります。

①ピックスリー：一日にやるべきことを3つに絞る
②アイビー・リー・メソッド：一日にやるべきことを6つに絞る

①の「ピックスリー」は、Facebook創業者マーク・ザッカーバーグの姉であるランディ・ザッカーバーグが提唱しています。

②の「アイビー・リー・メソッド」は、経営コンサルタントのアイビー・リーによるものであり、なんと100年以上使われている歴史があります。

さて、シングルタスクの考え方でいえば、一日にやるべきことは少ないほうが良いです。したがって、一見すると3つに絞るのが良いように思えます。

ただ、ここで注意すべきは私たちの集中力がどれくらい持続できるのか、という点です。集中力の持続時間に関しても多くの研究がすでに行われており、約15分、40分、はたまた数秒というものがあり、多くの研究の結論では、おおむね「1時間以内」となっています。たとえば、ミス防止の科学の分野で有名なノーマン・マックワースの実験では、注意力を保てるのは約30分とわかっています。

さらに、労働時間との兼ね合いも考慮する必要があります。私たちが一日に働いている時間は、フルタイムの人なら残業時間0でも約8時間です。一日にやるべきことを3つと決めた場合、1つの仕事に約3時間を費やすことになります。1つの仕事に約3時間は少し長い気がしますよね。

人間の集中力は1時間も持たず、さらには一日8時間以上働くことを考えると、3つでは少なすぎるかもしれません。

アイビー・リー・メソッドのように一日にやることを6つとした場合、1つのことに費やす時間は1時間と少しであり、人間の集中力の持続時間とも適合しています。

したがって、私のおすすめは一日にやるべきことを6つに絞ることですが1〜6個ほどの間で、あなたに合っている数を選んでいただくのが良いかと思います。

仕事を早く終わらせるから、質が上がる

▼仕事に費やした時間と成果との関係

質問
▼仕事に時間を費やすほど、良い仕事ができると思いますか？
■YES　or　NO？

ともすると私たちは、仕事に時間をかければかけるほど、良い仕事ができると思いがちです。

ところが、本当にそうなのでしょうか？

さまざまな科学的研究が、そうではないことを示しています。

たとえば、福山大学の松田文子氏は、大学生が評価の高いレポートを書くために、どんな行動が大事かを調べる研究を行いました。大学生のレポート作成は、社会人の書類作成に似ていますよね。

したがって、この研究の結果が私たちの参考になるはずです。

その結果わかったことは、「レポート作成に費やした時間と評価には関係がなかった」ということです。

私が大学生のレポートを添削していて感じていることは、**レポートの提出が遅い学生より、早い学生のほうがレポートの出来が良い傾向にある**ことです。

もし時間をかけるほどレポートの出来が良くなるなら、早く提出せずに締め切りギリギリまで時間をかけて取り組んだ学生のレポート評価が高くなるはずです。ところが、締め切り直前に提出されたレポートの多くは、出来があまり良くないのです。そのため、私はこの研究の結果に納得しています。

ほかにも、ラドバウド大学のアプ・ダイクスターハウスは、4台の中古車からお得な1台を選び出すというタスクに対して、「じっくり考えるグループ」と「考える時間が少ないグループ」のどちらがタスクを達成できるかを調べました。

一般的には、時間をかけたほうが良い判断ができそうに思えますが、「考える時間が少ないグループ」のほうがお得な車を見つけることができました。

逆に「じっくり考えるグループ」は、時間があるからこそ、意思決定にとって重要ではないささいな情報まで気にしてしまい、意思決定の精度が落ちてしまったのです。

このように、時間を長くかけたからといって、良い仕事や判断ができるとは限りません。むしろ実験では、時間をかけないほうが良い結果が出るということも起きています。したがって、時間を費やしても評価が高くなるとは限らないので、仕事はできる限り早く終わらせたほうが良いとわかります。

▼一流のビジネスパーソンが心がけていること

しかも、仕事を早めに終わらせることは、仕事の質を高めることにもつながります。早めに仮完成させ、依頼主に指摘・訂正をしてもらうのです。これによって、依頼主が求めるゴールに確実に近づくことができます。自分勝手な判断で限界まで時間をかけて仕事をし、期限直前になって依頼主に確認をしてもらうと、「依頼主のイメージとまったく違う」ということが起こりえます。

これを心がけている一流のビジネスパーソンは多いです。

たとえば、インターネットで生命保険を販売した先駆けであるライフネット生命という会社の元社長の岩瀬大輔氏は、著書『入社1年目の教科書』(ダイヤモンド社)で次のように述べています。

僕が「50点でかまわないから早く出せ」と強調するのも、ビジネスはたったひとりで成し遂げるものではないということを理解していただきたいからです。（中略）50点の成果を早く提出し、上司や先輩を含むほかのリソースを総動員して、一刻も早く１００点に仕上げるべきなのです。

しかも岩瀬氏は同書で「50点でかまわないから早く出せ」を「仕事において大切な３つの原則」の１つとして掲げるほど重視しています。

ただし、仕事を早く終わらせることが常に正解とは限りません。

たとえば、私は、次のような質問を受けることが多いです。

「仕事を早く終わらせると、その仕事が早く終わったんだったら……と、上司に別の仕事を頼まれてしまいます。どうすればいいですか？」

この質問に対して、私は「実際には仕事が終わっているものの、戦略的にあえて提出しない、という判断はありえます」と回答しています。

早く仕事を終わらせると次から次に仕事が振られるという職場の場合、仕事を減らすためにあえて仕事の提出を遅らせるということが必要な場合もあるでしょう。

「常に仮説を持つ」だけで仕事は減る

▼仕事を激増させる相談の仕方

質問▼
あなたは普段、判断に迷ったとき「どうしたらいいですか?」「どのようにしたらいいですか?」「どうしましょうか?」などの質問を上司にしていますか?
■YES or NO?

意識していなければ、私たちはつい上司などに「どうしたらいいですか?」のような質問をしてしまいます。しかし、このような尋ね方にはリスクがあります。

さて、あなたはこの質問の危険性に気づいているでしょうか。

ちなみに、「どうしたらいいですか?」のような、「はい」「いいえ」で答えられない質問のことをオープン・クエスチョンと呼びます。

私が言いたいことは、**仕事においてオープン・クエスチョンを使用するのは、リスクが高い**ということです。なぜなら、オープン・クエスチョンだと、相手に仕事の方向性を委ねることになるからです。

「どうしたらいいですか?」は、「私にはやり方がわからないので、あなたの指示に従います」と言っているのと同じです。

もし上司に、面倒で非効率的な、しかも気が進まないやり方を指示されたらどうでしょうか?

たとえば、あなたはエクセルでの作業でミスが続いているとします。ミスを減らす方法がわからないので、上司に「エクセルでのミスを減らしたいのですが、どうしたらいいですか?」と質問したとしましょう。

すると上司から、「エクセルの関数だけに頼っているからダメなんだ。必ず電卓を使って自分で再計算しなさい。これからは絶対そうするように」と言われました。

このように言われてしまうと、もうあなたは今後電卓での再計算をやらざるをえません。私なら絶対に嫌ですね。

これが「どうしたらいいですか？」というオープン・クエスチョンの危険性です。

▼「『答え』を持った質問」で仕事は減らせる

オープン・クエスチョンに対して、「はい」「いいえ」で答えられる質問をクローズド・クエスチョンといいます。

オープン・クエスチョンが仕事を激増させる可能性がある一方、クローズド・クエスチョンは仕事を激減させる可能性があります。

さらに**クローズド・クエスチョンのポイントは、自分なりの「答え」を持っておくこと**です。そして、その答えを相手にぶつけます。

たとえば、あなたはどうしてもやりたくない仕事を上司から任されてしまいました。

なんと、今度の職場の歓迎会で、みんなの前でダンスを披露するという仕事です。しかし、今は仕事が手一杯でダンスの練習をする時間はありません。

ここでやってはいけないのは、上司に、「今度のダンスの件なんですが、今、仕事が手一杯で、練習できそうにありません。どうしたらいいですか?」というようにオープン・クエスチョンをしてしまうことです。

すると上司から「あなたがやらなくてもほかの人がやらないといけない。頼むよ。できる限りでいいから」と説得されるか、「だったら何か別の出し物を考えてよ」「歌を歌ってよ」「一発芸でもいいよ」「クイズ大会にしよう」などの提案をされて仕事を回避するどころか仕事が増えてしまう可能性まであります。

ダンスを回避したい場合、**あなたがすべきなのはクローズド・クエスチョン**です。まずはその準備をします。同僚に佐藤という人がいるとして、「今度おごるから」なども頼み込んでダンスを引き受けてもらいます。そして上司に、「今度の歓迎会で私がやる予定のダンスについてですが、佐藤はダンスがとても得意らしいんです。なので佐藤に代わってもらってもいいですか？　佐藤からは承諾をもらっています」と伝えます。このように言われれば、上司も「それだったらまぁいいか」と承諾してくれる可能性は高そうです。

ポイントは、自分がラクになるような仕事のストーリーを作り、それをクローズド・クエスチョンで相手（上司）に迫ることです。

また、上司から「佐藤はやると言っているのか？」のような切り返しが想定されるため、事前に佐藤に確認しておくことも重要です。

仕事を減らしたいと思うなら、仕事の方向性を他人に決めさせてはいけません。自分で仕事の方向性を決め、それを承諾させるのです。私は、これこそ仕事を激減させる秘訣だと考えています。

このように、仕事の「答え」を他人に求めず、常に自分で「答え」を持っておく必要があります。この「自分なりの答え」のことを私は（おそらく一般的にも）「仮説」と呼んでいます。「自分なりの答え」は、あくまでもまだ「仮の答え」だからです。ほかの人に認めてもらうことで、「本当の答え」になります。

いわば、「相談をする」のではなく「確認・了承を取る」ための質問をするのです。

ぜひ今後、仮説のない状態で「どうしたらいいですか？」のように質問するのをやめ、仮説を持って「今度のイベントのゲストですが、芸能人の○○を呼びたいと思っています。理由としては、（中略）。それでいいですか？」のように質問をしてみてください。

これを心がけるだけで、あなたの仕事はどんどん少なくなっていくはずです。

▼「先制提案」の威力

ここまでを踏まえると、仕事の効率的な進め方が見えてきます。

誰かから仕事を頼まれたとき、おおまかなゴールは決まっているものの、具体的な仕事の進め方や細部については担当者に委ねられているというケースが多いはずです。

そして、その具体的な仕事の進め方や細部については、他人にとやかく言われたくはありません。したがって、進め方や細部について指示をされる前に、こちらから先制提案して依頼主に承諾させます。

さらに、**先制提案をする際のコツは、相当に早い段階で承諾をもらう**ことです。

なぜなら、期限が近づくほど、依頼主が真剣に検討する気になってしまうからです。期限までかなり時間があれば、「まだ先のことだから」と安易に「ＯＫ」と言ってくれる人が多いです。

双曲割引の際にも触れましたが、人は未来のことを軽視する傾向があります。たとえば、若い人であれば、なかなか自分の死や老後、年金などについて現実感を持って考えられないですよね。

先制提案には、自分の仕事を減らすと同時に、自分の希望を通しやすくするメリットがあります。

依頼主は、期限ギリギリになってからやっと真剣になり、「やっぱりアレをしてほしい」と思ったとしても、言い出すことを躊躇するか、言い出しても申し訳なさそうに話します。

さて、仕事を頼まれたら「頼み返す」がポイントでしたね。相手は申し訳ないと思ってくれています。さぁ、何を頼み返しましょうか？

▼「常に仮説を持つ」で仕事のムダが減る

「まだ仮説の話が続くのか」と思われる人もいるでしょう。あと少しだけお付き合いください。

仮説を持っているか否かは、決定的に仕事の効率を左右します。なぜなら、仮説がなかったら、そもそも何の議論も始まらないからです。

仮説＝たたき台があることによって、初めて上司などと「これでいこう」「これはやめよう」のように話し合うことができます。

実は、データ分析の世界でも「仮説を持つことが重要」といわれています。なぜなら仮説を持つことで、効率的なデータ分析が可能になるからです。

たとえば、データによって会社の課題を分析したいという場合、データ分析の初心者がやってしまいがちなことは「仮説を持たずにいきなりデータを眺めること」です。

このようなやり方には次のようなデメリットがあります。

①：見るべきデータの候補が無数にある

②：①のために多大な時間を浪費する

③：時間をかけたものの、結局どのデータを使えばいいかわからない

一方、「データを見る前に仮説を持っておく」というアプローチはどうでしょうか？
たとえば、「会社の売上が落ちているのは、特定の地域で売上が大きく減少しているからかもしれない」と仮説を立てます。このやり方には、さきほどと対照的な次のようなメリットがあります。

①：「地域別の売上」という見るべきデータが明確
②：①のため少ない時間で済む
③：仮説が正しくても間違っていても、真の答えに近づく

③について、仮説が間違っているとわかれば、「会社の売上が落ちているのは特定の地域で売上が落ちているからではない」と真相に一歩近づきます。

このように、データ分析の際に仮説を持つことで、作業や時間のムダがなくなります。

そして、これはデータ分析に限った話ではありません。どんな仕事においても、仮説によって進む方向が示されて議論が始まり、仮説が正しかろうが間違っていようが、次第に真の答えに近づいていきます。

すべては、仮説があるからこそスタートするのです。

だからこそ、いち早く仮説を持つ必要性があります。このことは、先に触れたライフネット生命元社長の岩瀬氏による「50点でかまわないから早く出せ」と本質的に同じことを言っていますね。

最後にまとめとして、ぜひ今後、「常に仮説を持つ」「仮説を持って質問する」を心がけてみてください。おもしろいようにあなたの仕事が減っていくはずです。

機械・ガジェットを最適化するだけで、仕事は減る

▼仕事を効率化するパソコン環境

パソコンは私たちの仕事に欠かせないツールです。

総務省情報通信政策研究所が発表した「令和2年度情報通信メディアの利用時間と情報行動に関する調査」によれば、一日にパソコンを使う時間は20代では平均291・5分、30代では250・1分、40代では258・0分となっています。

パソコン作業が一日の4～5時間を占めるということは、パソコン作業の効率化が生産性の大幅な向上につながるということです。

パソコン作業を効率化するためには、まずパソコン自体の性能を向上させることが重要です。会社からパソコンを支給されていて、自分ではパソコン選択の決定権がないという人も多いため、ここでは基礎について簡単に触れるにとどめます。ただ、もしかすると、あなたのパソコン作業が遅いのは、あなたが原因ではなくパソコンのスペック不足が原因の可能性もあります。

パソコン作業を効率化するうえで最低限知っておくべきパーツは、ＣＰＵ、メモリ、記憶装置です。

ＣＰＵは、人間の脳に該当する部分で、頭の回転の速さ、つまり計算・処理の速さが決まるところです。業務用パソコンに搭載されているＣＰＵの多くはインテル社製であり、Celeron、Pentium、Coreなどの商品がありますが、業務用パソコンとしてはCoreが推奨されます。逆に、ＣＰＵがCoreでない場合、パソコンの計算速度が遅く、業務に支障が出る可能性があります。ＣＰＵにCoreが使われているかはぜひ確認したいところです。

メモリとは、データやプログラムを一時的に保管する場所であり、「作業スペースの広さ」にたとえられます。つまり、メモリの容量が大きいと、いろいろなソフトを一度に使うことや、動画編集など負荷の高い操作ができるようになります。

記憶装置とは、文字通りデータを記憶する部品ですが、記憶できる容量だけでなく、パソコン作業のスピードに多大な影響を与えるという点は覚えておいてください。

ポイントは、記憶装置がＨＤＤなのか、それともＳＳＤなのかを確認することです。一般に、ＨＤＤは安価で遅く、ＳＳＤは高価で速いです。ＳＳＤがＨＤＤより高速なのは、データの読み書きを速く行うからです。ＣＰＵよりも記憶装置のほうがパソコンの作業スピードに影響を及ぼす場合もあり、記憶装置がＳＳＤかどうかもぜひ確認しておきましょう。

また、パソコン作業を速くするためのおすすめの設定が、マウスカーソルの色・サイズ・速度を変更することです。具体的には、マウスカーソルの色を紫など目立つ色にし、サイズをかなり大きくすれば、一瞬でパソコン画面内のマウスカーソルを発見できます。マウスカーソルの色がデフォルトの白でサイズが小さい場合、パソコン画面内でマウスカーソルを発見するのに時間を要します。さらに、マウスカーソルの速度を速めておけば、マウスカーソルを瞬時に移動させることができます。これがなかなか馬鹿になりません。ぜひ一度試してみてください。

パソコン作業効率化について、ぜひ活用してほしい機能はたくさんあるのですが、ここでは次の2つを紹介します。

①単語の辞書登録

②マイクロソフト社製オフィスソフトのクイックアクセスツールバー

①単語の辞書登録とは、頻繁に入力する言葉を簡単に呼び出せる機能です。たとえば、「あり」と入力すれば、「ありがとうございます」が予測変換候補の上位に表示されるようになります。正直、私は誰もが使用している当たり前の機能だと思っていたのですが、企業研修をしていると、多くの人が利用していないことに気づきます。

ちなみに私は、次のような言葉を辞書登録しています。

・「おつ」↓「お疲れ様です」

・「いつ」↓「いつもお世話になっております」

・「めーる」↓「（私のメールアドレス）」

・「さき」↓「さきほどはお電話ありがとうございました」

②のクイックアクセスツールバーについては、名前を知らない人もいるでしょう。クイックアクセスツールバーは、マイクロソフト社のワード、パワーポイント、エクセルの左上最上段に表示されているバーのことです。

このクイックアクセスツールバーに、「太字」「アンダーライン」「フォントサイズ拡大」などよく使う機能を登録しておけば、実はＡｌｔキー＋数字という簡単なショートカットキーで瞬時に機能を呼び出せるようになります。

登録の手順は、リボンのよく使う機能のところにマウスカーソルを置き、右クリックして「クイックアクセスツールバーに追加」を選択します。

呼び出すときは、Ａｌｔキーを押しながら、１などの数字キーを押します。クイッ

ここがクイックアクセスツールバー。Alt+数字でよく使う機能を呼び出せる

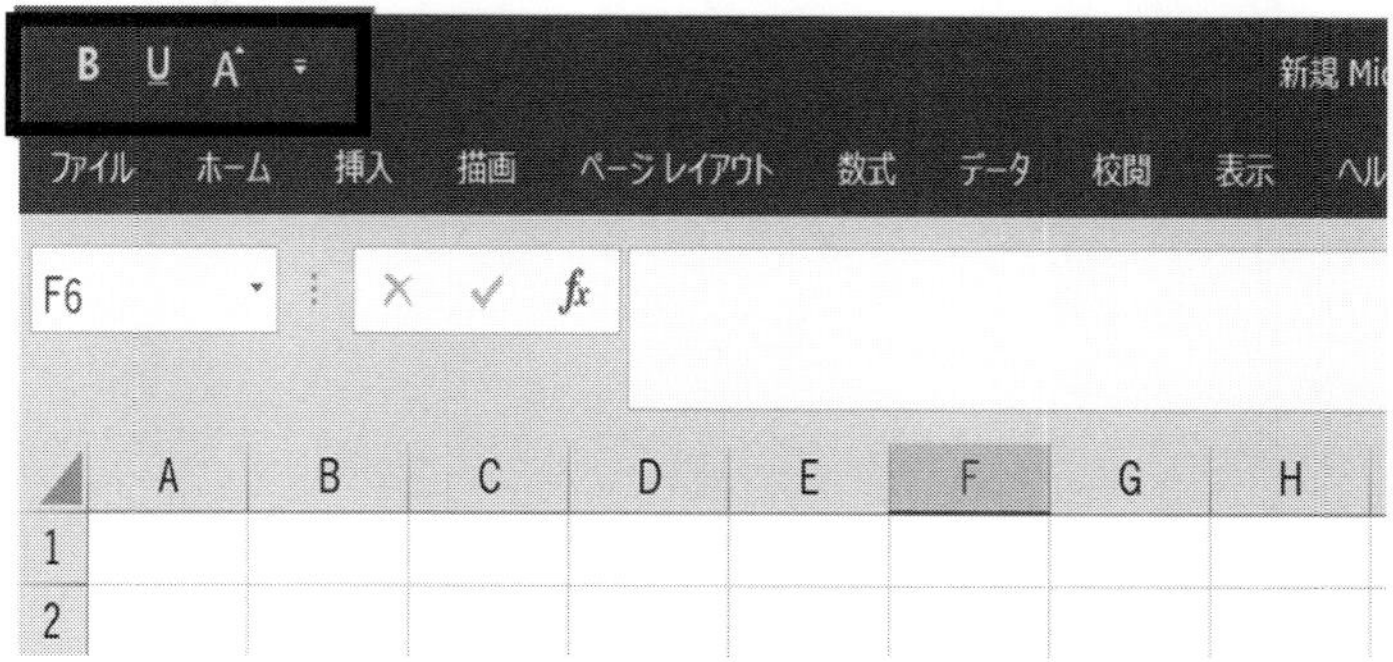

クアクセスツールバーにアイコンが並んでいると思いますが、左から１、２、３……となります。

アイコンの順番を変えることも可能ですので、よく使う機能を一番左に設定しておきましょう。並べ替えの手順は、クイックアクセスツールバーにマウスカーソルを置きながら右クリックし、「クイックアクセスツールバーのユーザー設定」から行います。

ワード、パワーポイント、エクセルについては、クイックアクセスツールバーを活用することで、あなたがよく使用するあらゆる機能を一瞬で呼び出すことができます。私は、クイックアクセスツールバーを使っているかどうかで圧倒的に効率が変わると考えています。

▼科学的に証明されているパソコン作業効率化法

実は、科学的に効果が証明されているパソコン作業効率化の手法があります。

それが、マルチディスプレイです。つまり、モニター（画面）を複数用いて仕事を行うのです。

1つのモニターで作業をするのと、複数のモニターで作業をするのとでは、「科学」という言葉を出すまでもなく、効率が良さそうなのは後者でしょう。

実験するまでもなく効果を予想できますが、たとえば、ウィチタ州立大学の研究では、1台のモニターから2台のモニターに変えることで、社員の生産性が18％向上し、「モニターは1台よりも2台のほうが快適だ」と答えた人は91％に及びました。

しかし、「複数のモニターで仕事をする」という発想に至らない人が意外にも多く、もし導入可能であれば、ぜひやってみてください。

ちなみに私は、普段、4台のモニターを使ってパソコン作業を行っています。

たとえば、次のようにモニターを使用しています。

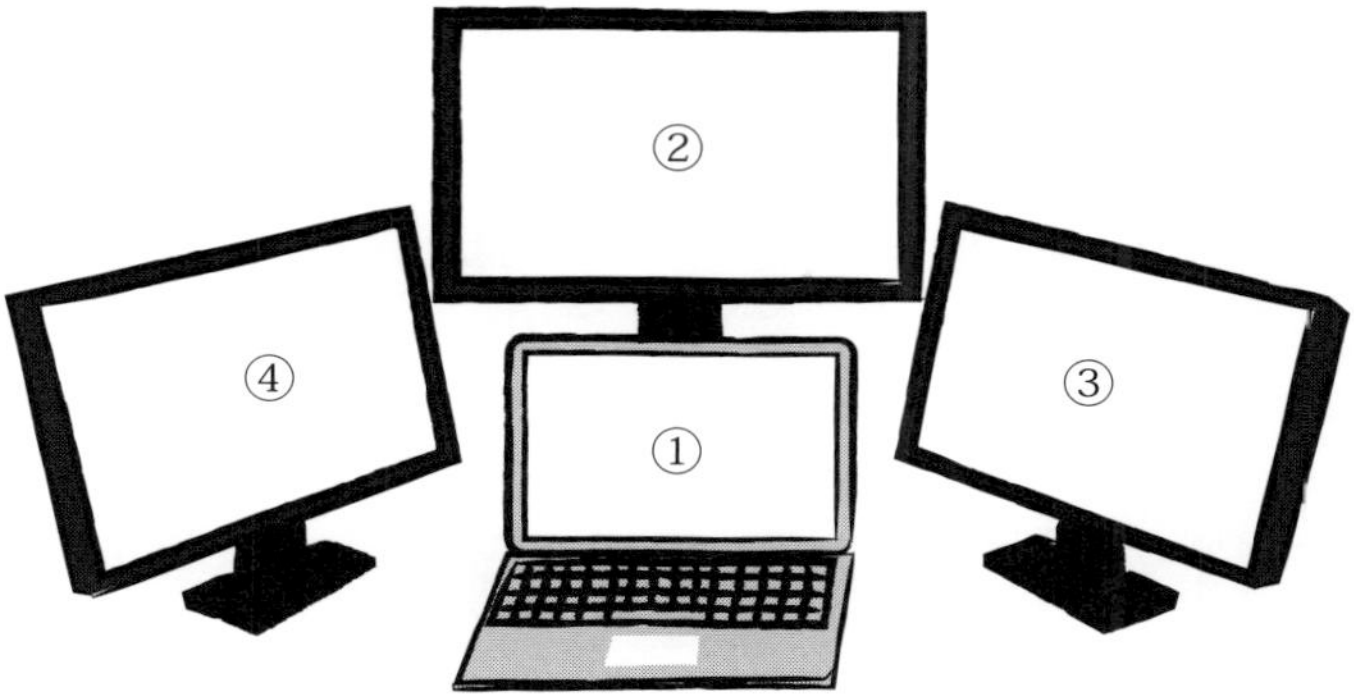

モニター①：ワード
モニター②：インターネットブラウザ
モニター③：ＰＤＦ
モニター④：フォルダ

いちいち画面を切り替えることなくスムーズに操作を行えるため、一度モニターを増やすと、もう1台には戻れないですね。

▼デスクのモノが一瞬で消える整理整頓の極意

仕事の効率を上げるためには、やはりデスクの整理整頓が重要です。最も重要なことは、常にデスクをきれいに保つことです。

さらに、デスクをきれいに保つことは、ミスを減らすことにもつながります。

私が本当によく聞く話が、「汚いデスクで郵送準備作業をした結果、関係のない書類が封筒内に紛れ込んだ」というものです。デスクが汚いと、効率低下やミス誘発につながるだけでなく、次のような問題が起きるとわかっています。

①集中力の低下（ボストン大学）
②先延ばしが起きる（デポール大学）
③ストレスとの関連が指摘（ニューメキシコ大学）
④他人からの好感度の低下（ミシガン大学）

②の「先延ばしが起きる」について、学生時代、テスト勉強をする際に、「とりあえず今日は机をきれいにして、明日から勉強しよう」と思ったことはないでしょうか？　デスクの汚れと先延ばしに関連があるというのは、私にはとても納得がいきました。

④の「他人からの好感度の低下」について、デスクが汚いと、だらしない印象を周

囲に与え、評価が下がってしまうということもわかっています。

さて、作業効率を高めるための整理整頓のポイントはいくつかあるのですが、中でも特に重要なのが、**「モノの置き場所を決めること」**です。

置き場所が決まっていると、迷ったり、探したりする時間のムダがなくなります。仕事のマニュアルの場所、過去に使った資料の場所、文房具の場所、それらが一定であることによって、スムーズに仕事を行えるようになります。

「あれ、ホッチキスがない。どこだろう？」

こんなことをやっていては、とても効率的に仕事を行うことはできません。私の場合、仕事が忙しいときほどデスクが整理されてきれいになります。なぜなら、整理されていないデスクでは作業効率が低下して仕事が終わらない懸念があるからです。


また、ぜひ習慣にしてほしいのがクリアデスクです。

クリアデスクとは、離席時や職場を出るときに、デスクの上を整理してきれいにすることです。理想は、デスクの上にモノが何もない状態です。

特に、個人情報の入った書類やＵＳＢメモリなどがデスクの上に出しっぱなしにならないように注意してください。

離席のたびにクリアデスクをするのは難しいとしても、少なくとも職場を出るときには行ってほしいところです。クリアデスクにより、整理整頓・片付けが習慣化され、常にデスクの上をきれいに保つことが可能になります。

▼「所有しない」という劇薬

続いて、あまり知られていない「職場の全員のデスクにあるモノ」を一瞬で消す方法があります。

質問▼

たった1つのルールで、職場の全員のデスクからモノを消すことができます。その方法とは何でしょうか？

答えは、「共有化」です。つまり、**「個人でモノを持ってはいけない」と決めるの**です。これを決めた瞬間、職場の全員のデスクから、すべてのモノが消えます。仮に、あなたと同僚の机の上には、それぞれ同じ業務マニュアルが置かれているとしましょう。そこで、「共有化」です。マニュアルを「共有化」し、今後はあなたと同僚の背後にある棚に1冊置いてそれを共同利用することにします。共有化した瞬間、あなたと同僚の机からマニュアルが消えることになります。

このように、**共有化はデスクを一瞬できれいにするまさに劇薬とも呼べる手法**です。このような強力な手法には、当然、デメリットもあります。

たとえば、机からモノが消えることで、いちいち文房具などを取りにいかなければならなくなります。共有化の範囲をどこまでにするかは、職場に合わせて検討が必要です。

そして、職場のレイアウトを決定する際に、近年重要視されているのが、「集中ゾーン」の設置。つまり、原則声かけ禁止の作業スペースを作るということです。

このようなことをするのは、作業中に声をかけられるなどして集中力が阻害されるのを防ぐためです。

ミシガン州立大学のエリック・アルトマンらの研究チームは、「パソコンで集中力を要する作業を行わせ、途中でポップアップを出して作業を妨げる」という実験を実施しました。ポップアップとは、パソコン画面に突然現れるウィンドウのことで、広告などに使用されていますよね。

その結果、**ポップアップにより作業が3秒ほど中断されると、ミスをする確率が2倍になった**とのことです。


作業中の声かけは、どこの職場でも頻繁に行われていますが、その悪影響が考慮されることは少ないのが現状です。

職場のデスクやそのレイアウトは、ミスの発生と大きくかかわります。そしてミスが起きれば、その対応に追われることになります。仕事を減らすためにも、職場のレイアウトについて真剣に検討することが求められます。

資料は極力作らない

▼車輪の再発明をしてはいけない

仕事においても、何事においても、ゼロから自分の頭で考えるというのは効率的ではない場合が多いです。

そのために大事なことは、**「過去の成果を利用する」**ことです。

過去の成果を学ばない・利用しないという場合、過去の人たちがすでに解決した問題を、もう一度自力で解く必要に迫られます。

これを戒めるために、**「車輪の再発明をするな」**という言葉があります。今では当たり前な車輪ですが、車輪はモノを効率的に輸送できる大発明です。過去の成果を知らない、もしくは無視している人は、再度車輪を発明するというムダな努力をしてしまう懸念があります。要は、「二度手間をするな」ということです。

人類には数千年に及ぶ知識の積み重ねがあります。その知恵を生かさない手はありません。ガリレオ・ガリレイ、アイザック・ニュートン、アインシュタインなど、歴史上の大天才たちは私たちに多くのものを残してくれています。そして、それら知識・知恵を活用することを**「巨人の肩に乗る」**といいます。

「フェルマーの最終定理」という数学の定理の名前を聞いたことがある人は多いでしょう。数百年間、誰にも証明できなかった数学の定理であり、数学者アンドリュー・ワイルズは1995年、当時最先端の数学知識を駆使して証明に成功しました。いかに数学の大天才といえども、巨人の肩に乗らなければ（過去の偉人の知識の積み上げを利用しなければ）、証明は不可能だったのです。

ここまで、少し大げさに話してきましたが、結局私が言いたいのは、仕事において**「過去の成果を最大限利用しましょう」**ということです。

自分が過去に作ったもの・考えたもの、他人の成果、テンプレート、最新の技術、使えるものはなんでも利用しましょう。

「なんでこんな当たり前のことを強調するんだ」と思われるかもしれませんが、それが行われていない職場が意外と多いからです。

ひどいケースだと次のような話を聞いたことがあります。

ある職場では、とても非効率的なやり方で仕事を行っていました。その仕事を効率的に行うためのテンプレートや技術は多く存在するのに、それを利用していませんでした。そこである人が上司に提案をしました。

「この技術を導入すれば、もっと効率的に作業ができます。導入してはどうでしょうか？」

すると上司はこう答えました。

「そんなことをしたら、作業がもっと速くなり、時間も人手も必要なくなる。そうなれば俺たちの残業代がなくなってしまうじゃないか。お前も困るだろう？」

会社の生存のために、戦略的にあえて非効率を選択するという判断はありえます。たとえば、デジタル化できるのに、あえてアナログで行うことにより差別化をはかる場合がそうです。

しかし、前向きな理由ではなく、後ろ向きな理由で非効率を選ぶとしたら、その組織に未来はないのかもしれません。

▼文章生成ＡＩの衝撃

「巨人の肩に乗る」ということでいえば、近年目覚ましい進歩を見せているのがＡＩです。特に生成ＡＩによって、私たちの世界は一変してしまったといっても過言ではありません。生成ＡＩの有名なものとしては、ChatGPTという文章生成ＡＩや、

Midjourneyという画像生成ＡＩなどがありますよね。

しかし、ChatGPTなど文章生成ＡＩの使い方を、誤解している人は多いです。文章生成ＡＩの間違った使い方は、「真偽が重要な情報を得るために使用すること」です。歴史や科学の事実を文章生成ＡＩに尋ねると、正確な答えが得られると思っている人がいます。しかし、文章生成ＡＩはインターネットなどのテキストデータから学習して作られたものであり、必ずしも真実が反映されているとは限りません。

文章生成ＡＩの基本的な使い方には、ざっくりといえば次の２つがあります。

①文章生成ＡＩという名前の通り、文章に関連するタスクに取り組ませること
②創造的なアイディアを得るためのタスクに使用すること

【①文章関連タスクの例】

・「この文章を翻訳してください」

・「この記事を要約してください」
・「文章の誤りを発見してください」
・「文章の続きを書いてください」
・「だ・である調の文を、です・ます調に変えてください」
・「○○というイベントの宣伝文を書いてください」

【②アイディア関連タスクの例】
・「この企画のキャッチコピー案を100個考えてください」
・「△△という内容の本を書いています。タイトル案を10個提案してください」
・「会議の議題を提案してください」
・「書籍の目次を提案してください」
・「仕事を減らすための方法を20個提案してください」

文章生成AIはこれらの指示を忠実に遂行してくれます。このような技術はこれまでになく、私にとってはもう欠かせない技術になっています。

うまく使えば、文章生成ＡＩは、あなた専属の秘書のような存在になってくれます。しかも、その秘書は、無料もしくは安い値段で雇うことができます。さらに、その秘書は有能で、疲れ知らずで、専門知識まで持っています。

もちろん、間違った知識を伝えてくるときもありますが、それはインターネット検索でも起きることです。インターネットの情報には間違った知識が掲載されていることもありますが、それを理由として利用しない人はいませんよね。インターネット検索でも文章生成ＡＩでも、重要なことは真偽を見極める目を自分が持っていることです。

情報の真偽を自分で見極められる人にとっては、インターネット検索も文章生成ＡＩも、極めて有用なツールとなります。

さきほど、文章生成ＡＩの基本的な使い方は２つだと言いましたが、それら２つをもう少し細かく分解したほうが用途を明確にすることができ、私は次のように文章生成ＡＩの用途を整理しています。

①文章作成（ブログ、SNS発信、ニュース記事、メール、広告、小説、教材など）
②文章の改変・要約・添削・翻訳
③アイディア出し（タイトル案、キャッチコピー案、目次案など）
④問題作成（英語、数学、社会、理科、国語など）
⑤教師・コンサルタントの役割（プログラミング、エクセル関数、英会話など）

文章生成ＡＩには無限の可能性があり、ほかにもさまざまな使い方があるはずです。

ソフトバンクの孫正義氏は、「（文章生成ＡＩを使っていない人は）人生を悔い改めたほうがいい」とまで言い切り、その使用を推奨しています。

私が大学で講義をしていると、学生に問題を解かせたい瞬間があるのですが、その際に文章生成ＡＩを活用しています。

私の場合は大学生の指導に使用していますが、小・中・高の先生ならもっと活用できる機会が多いはずです。たとえば、国語の問題を作成してみましょう。

【文章生成ＡＩのプロンプトに以下を入力】

次の例題のような、慣用句やことわざの意味を尋ねる問題を作成してください。

例題）次の言葉の意味として、最もふさわしいものを選びなさい。

手をこまねく

ａ　手を洗う　ｂ　深く考える　ｃ　準備して待つ

ｄ　傍観する　ｅ　呼ぶ

AI

【文章生成ＡＩの回答】

もちろんです。

次の言葉の意味として、最もふさわしいものを選びなさい。
目がない
a　目が見えない　b　目が赤い　c　物を見逃す
d　夢中である　e　目が悪い

ちなみに、大学生の自己ＰＲ作成にも使えると思い、作成させてみたところ興味深い結果となりました。

【文章生成ＡＩのプロンプトに以下を入力】

以下の情報を利用して、大学生の自己ＰＲを４００字程度で作成してください。

情報：

①強みは改善力
②フットサルサークルに所属
③ＰＤＣＡ
④チラシの内容を修正し、新入生の入部が前年比１５０％アップ

次の文章は、文章生成ＡＩの回答であり、私は手を加えていません。平均的な大学生の文章力を超えているかもしれませんね。

ＡＩ

【文章生成ＡＩの回答】

私の強みは改善力とＰＤＣＡサイクルの活用です。大学生としてフットサルサークルに所属し、新入生勧誘のためのチラシの内容を改善しました。ＰＤＣＡサイクルを駆使して、現行のチラシの分析や新入生のフィードバックを基に、具体的な改善策を検討しました。

改善策として、新入生の関心や期待に合わせたコンテンツの見直しを行いました。チラシには、フットサルサークルの魅力や活動内容、メンバー同士

の絆など、新入生が興味を持つであろう情報を明確に伝えるよう心掛けました。また、デザインやレイアウトの改善も行い、視覚的に魅力的で分かりやすいチラシに仕上げました。

この改善によって、新入生の入部者数は前年比で150％増加しました。私の改善力とPDCAサイクルの活用によって、効果的な勧誘活動が行われ、新入生の興味と参加意欲を引き出すことができました。

私は大学生として培った改善力をさらに発展させ、PDCAサイクルを回しながら業務やプロジェクトの改善に取り組むことで、貴社の成長に貢献したいと考えています。

一部おかしなところもありますが、全体としては自然な仕上がりになっていますね。使えるリソースは徹底的に活用し、少しでもやるべきことを減らしていきましょう。

▼ＲＰＡとエクセルマクロによるパソコン作業自動化の罠

ＲＰＡとは、Robotic Process Automation の略であり、パソコン作業を自動化するためのソフトです。この「ソフト」というのがポイントで、ＲＰＡという名称から「なんだか難しそう」と思われるかもしれませんが、いわゆるただのパソコンソフトであり導入は容易です。

パソコン作業を自動化できれば、時間を大いに節約することができますよね。

近年、ＤＸ（デジタル・トランスフォーメーション）の必要性が叫ばれており、ＡＩに加えてＲＰＡにも注目が集まっています。

ＲＰＡとは何かをイメージするわかりやすい例が、エクセルマクロです。エクセルマクロという言葉を、職場の誰かが話しているのを聞いたことがある人は多いのではないでしょうか？　実は、ＲＰＡはエクセルマクロのパワーアップ版のようなものなのです。

ＲＰＡとエクセルマクロの共通点は、「プログラミングが不要」なことです。したがって、自動化するための技術の習得が比較的容易だといわれています。

そして、ＲＰＡとエクセルマクロの異なる点は、「自動化の対象範囲」です。エクセルマクロは、その名の通り、主にエクセルでの作業を自動化できます。一方ＲＰＡは、やり方次第で、エクセルはもちろん、すべてのアプリケーションでの作業を自動化できます。

つまり、データ入力はもちろん、メールを送ったり、資料をダウンロードしたり、基本的にあなたがやりたいと思うことは何でも自動化できます。

なぜそのようなことが可能になるかというと、ＲＰＡは、人が行うパソコン画面上のマウス操作やキーボード操作などを自動化できるからです。マウスとキーボードの操作を自動化できれば、どんな操作でも自動化できそうなイメージが湧きますよね。

ＲＰＡツールの価格はさまざまで、安いものなら無料で使えますし、高いものなら年間で数百万円となるものまであります。ただし、ＲＰＡは人のパソコン作業を代替するものであり、比較対象は人件費となるので一概に高いとはいえません。

私は、社会人になってすぐにエクセルマクロを覚えてエクセル作業を自動化していたため、ＲＰＡとは何かをすぐに理解できました。

うまくＲＰＡを運用すれば、次のようなメリットがあります。

①面倒で苦痛な定型業務を代行してくれる
②24時間３６５日働き、しかも人間のように辞めることがない
③人件費に比べると安い（うまく使えば、時給換算で数百円レベル）
④ミスなく、速く、正確に仕事をする

①に書いてある通り、ＲＰＡが行えるのは「定型業務」、つまり「やり方が決まりきった作業」だけです。人の判断については、当然ＲＰＡで代行はできません。

そして、ＲＰＡ導入に際しては、「エクセルマクロの失敗」を生かすことが重要です。実は、多くの組織ではエクセルマクロをうまく活用できなかったため、「エクセルマクロは失敗に終わった」と評価されています。
どういうことかというと、エクセルマクロの自動化が「個人レベル」で止まってしまったからです。パソコンに詳しい人が個人的に自分の仕事をエクセルマクロで自動化しただけで、エクセルマクロが組織の財産にならなかったのです。実際多くの組織では、エクセルマクロを使用していた人が部署異動したタイミングで、職場でのエクセルマクロの利用が停止してしまう事態となりました。

この反省を踏まえて大事なことは、**RPAであれエクセルマクロであれ、組織でそれらを管理すること**です。現在、職場でどのような自動化が行われているのか、誰がそれらを担当しているのか、メンテナンスはどうするのかなどを組織として把握しなければならないのです。組織として管理すれば、RPAもエクセルマクロも職場の貴重な財産となります。

個人としてパソコン作業を自動化するのもいいですが、ぜひ組織的にRPAやエクセルマクロを使いこなしていただきたいところです。

▼アマゾンに学ぶパワポよりワード文化

私には常々疑問に思っていることがあります。それは、社内文書の作成に全力が注がれることです。内容だけでなく、その見た目を整えることにも多大な時間が費やされます。もちろん、このようなことが行われる理由もわかります。

営業職のような数字で評価が決まる仕事でない場合、たとえば事務職では、上司の評価が重要であり、それで出世が決まる場合もあります。そして、少しでも上司から評価されようとした結果、社内文書に労力が割かれることになるのです。

ショッピングサイトで有名なアマゾン社内では、会議でのパワーポイントの使用が禁止され、ワードが利用されていることで知られています。

パワーポイントの場合、アニメーションなど華美な装飾によって内容の薄さをごまかせてしまうことがあります。

一方、ワードの場合、一般的にはそうした装飾が行われないため、しっかりと内容だけの議論ができるようになります。さらにアマゾンでは、論理展開を明確にするため、箇条書きではなくしっかりと文章を記述することが求められているとのことです。社内文書の作成にパワーポイントを使わないという考え方は、多くの日本企業にとって必要ではないかと思います。

また、アマゾンでは資料の枚数は6枚というルールがあるそうですが、日本でも情報を1枚にまとめる「ワンペーパー資料作成」の文化を持った組織があります。その代表例といえるのがトヨタ自動車です。

私の大学の同期がトヨタで働いているため、あるとき飲み会の場でトヨタのワンペーパーの話を振ってみたところ、「ワンペーパーの研修があった」と話していました。

「社内文書にはワード」「ワンペーパー」など、組織にこうした文化があれば、私たちのやるべきことは大きく減り、大事な仕事のみに注力できるようになっていくはずです。

第4章

自分のターンを減らす

仕事は「ボールを誰が持っているか」で考える

▼ボールを持っている人が、次にアクションを起こす責任を負っている

「大量に仕事を抱えていて精神的にきつい」という人は多いでしょう。かくいう私もそうでした。「あれもやらないといけない。これもやらないといけない」という極めて多忙な状況の中で、いっときストレスで体重が60kgから80kgまで増えてしまいました（ちなみに、今は60kgに戻っています）。

あるとき、どうすればこの多忙な状況を解決できるだろうかと考えました。さまざまな取り組みを行っていく中で、最終的に私がたどり着いた方法は、**「仕事をキャッチボールでイメージする」**仕事術でした。

「誰かから頼まれる仕事＝ボール」だと思ってください。たとえば、上司に仕事を頼まれるということは、上司からあなたにボールが投げられるということです。

そしてあなたは作業をし、「確認してください」と上司に成果物を渡します。これは、今度はあなたが上司にボールを投げ返すということです。

このようなやりとりを繰り返し、私たちは仕事を完了させていきます。

仕事をキャッチボールでイメージする際に重要なことは、「誰がボールを持っているか」です。ボールを持っている人が、次にアクションを起こす義務を負っています。最初に上司からあなたにボールが投げられたとき、ボールを持ったあなたが、作業を行って成果物を上司のところに持っていく責任を負っています。そして、あなたが「確認してください」と成果物を上司に提出すれば、ボールはあなたから上司の手元に移り、今度は上司が「確認する」という作業を行う責任を負うことになります。

このように考えれば、「大量に仕事を抱えていてきつい」という状況を解決する方法が見えてくるのです。

常に自分以外の人がボールを持つようにする

▼できる人はボールを持たない

仕事をキャッチボールでイメージし、「今、誰がボールを持っているか（誰が次にアクションを起こす必要があるか）」に注目すれば、なんと大量の仕事をゼロにする方法がわかります。そんな魔法のような方法があるのかと思われるでしょうが、それがあるのです。

そのためには、**「常に自分にボールがない状態」**にするのです。つまり、「常に相手にボールがある状態」、さらに言い換えると「常に相手の確認待ちの状態」にします。具体的には、「確認してください」と持っているボールをすべて投げ返してしまいます。

そうすれば、大量の仕事を抱えていたとしても、一時的に仕事がゼロの状態を実現できます。抱えているタスクやプロジェクトが多くあったとしても、一時的に仕事がゼロの状態を作り出すことは可能なのです。

自分のボールがなくなるのは、本当に爽快です。ボールをゼロにできると、デスクに座っていながら何もすることがありません。しかも、大量のタスクやプロジェクトを抱えているのは事実なので、周囲からサボっているとは思われません。

ボールをゼロにしてしまえば、仕事をしているフリをするのも、この機会に新しい仕事にチャレンジするのも、すべてあなたの自由です。

こうして、自分の時間を作り出すことが可能となります。自分に来たボールは、どんどんと投げ返していってゼロの状態を目指しましょう！

▼すぐにボールを投げ返すと、作業量が減る

さて、たった今、「来たボールをどんどんと投げ返していきましょう」と言いました。実は、来たボールをすぐに投げ返すことには、ほかにも大きなメリットがあります。

それは、「作業量が減る」ということです。

その理由は、95ページでも触れた、人は未来よりも現在を重視するという「双曲割引」からわかります。

前にも同様の質問をしましたが、改めて尋ねます。

質問

▼あなたは①と②のどちらを選びますか？

■①１カ月後に１１０円を得られる

■②今すぐ１００円を得られる

私なら迷わず②を選びます。多くの方が②を選ぶのではないでしょうか？

これを仕事に置き換えます。少し極端な例ですが、あなたの上司はどちらを好むでしょうか？

①1カ月後に提出された70点の出来の仕事

②今すぐに提出された60点の出来の仕事

同様に、やはり②を選ぶ人が多いはずです。したがって、すぐにボールを投げ返すことで完成度を落とすことができ、それにともなって作業量を減らすことができます。

人は未来の利益よりも現在の利益を重視します。この心理を積極的に活用して、作業量の削減を狙うのです。

このように、「ボールをどんどん投げ返す」という仕事の進め方には、多くのメリットがあります。

そして私は、これこそが仕事を効率的に進めていくうえでの最良の方法であると考え、実はこのことを書くためだけに、２０１６年9月に『７つのゼロ思考』（ぱる出版）という書籍を出版しました。

したがって、仕事をキャッチボールでイメージするというこの方法は、私にとってとても思い入れのある方法なのです。

▼自分にボールがなければ、説明責任を回避できる

仕事をしていてよくありがちなのが、上司から頼まれた仕事について、上司のさらに上司から「あの仕事、どうなった？」と進捗を確認されることです。

たとえば、あなたが課長から頼まれて作業していた仕事について、部長から進み具合を確認されたとしましょう。

このとき、もしあなたにボールがある状態なら、課長はあなたに目をやり、あなたに部長への進捗の説明をさせようとするかもしれません。なぜなら、今はあなたが仕

仕事はキャッチボール

仕事を頼もうとする人
仕事を頼まれる人
投げられたボール（仕事・やるべきこと）をすぐにさばかないと、
どんどんボールがたまっていきパンクする
ボールはどんどん投げ返し
手元にない状態をキープしよう

事を進めており、現時点でどこまで仕事が終わっているかを正確に把握しているのはあなただけだからです。

さて、次に、あなたにボールがなく、課長がボールを持っているとしましょう。つまり、あなたが提出した成果物を踏まえて、現在は課長が確認作業を行っている段階です。きっと課長は、あなたの提案に対して、「これはＯＫ」「これはダメ」のような検討をしているはずです。

そして課長の検討内容を、まだあなたは知りません。したがって、仕事の最新の状況を最もわかっているのは、あなたではなく課長です。そのため、部長に説明をするのは、主に課長の役目だということになります。

このように、自分にボールがない状態にしておけば、「自分は最新の状況を把握していない」という状態にでき、進捗の説明責任を回避できる可能性があります。

▼自分にボールがない＝仕事の流れを止めていない

ところで、自分にボールがない状態は、自分だけでなく実は周囲の人にとってもメリットがあります。仕事は基本的にチームプレーです。ボールを長期間持つということは、仕事の流れを長時間止めているのと同じです。

したがって、「常に相手にボールがある状態」を目指すのは、独りよがりな仕事の進め方ではありません。むしろ**ボールの流れを止めてしまうほうがリスク**なのです。仕事にかかわる全員が「常に相手にボールがある状態」を目指せば、仕事がスムーズに終わっていく様子がイメージできますよね。

むしろ、仕事が停滞することなくどんどんと完成に近づいていく、これこそが理想の仕事の進め方ではないでしょうか？

ぜひ多くの人に意識してほしいと私は願っています。

自分でボールを増やさない

▼自分で仕事を増やす人たち

「それは私が対応します」
「確認してまた連絡します」

あなたは普段、このような言葉を発していないでしょうか？　親切心や丁寧な仕事をしたいという気持ちから、このように申し出てくれる人を私は数多く見てきました。もちろん、相手に負担をかけたくない、相手の役に立ちたいという気持ちは、とても素晴らしいものだと思います。そして、このように言ってくれる人に私はとても感謝しています。

しかし、もしあなたが普段から無意識にこのようなことを言っており、さらには仕事や残業の多さに悩んでいるとしたら、注意が必要です。自分でボールを取りに行っている、つまり自分で仕事を増やしている、という自覚を持つべきです。

改めて考えてほしいのは、「その仕事を本当にあなたがやるべきなのか？」ということです。あなた以外の人でもできるのに、あなたが自ら進んで対応していないでしょうか？　ほかの人ではなく、「あなた」が対応するのはなぜなのでしょうか？

ほかの人に任せられるなら、任せてしまってもいいのではないでしょうか？

次に、「確認してまた連絡します」と言う場合、その確認作業は本当に必要なのでしょうか？　私自身、誰かと話していて「確認して連絡しますね」と言いたくなる瞬間がよくあります。ただ、そこでグッとこらえて考えます。絶対に必要な確認作業なのかと。実際、そのセリフを言わなくても、ほとんどのケースで物事がスムーズに進んでいきます。

特に、このような何もないところからわざわざボールを作り出すことには、より注意を払うべきです。

あなたに余裕や明確な理由があるなら自らボールを取りに行ってもよいですが、そうでないなら自分からボールを取りに行くのは避けたほうがよいこともあります。仕事を増やしているのが実はあなた自身ではないかを、今一度考えてみてください。

▼「ムダな仕事を作り出していないか」を考える

何もないところからボールを作り出すとして、そのボールに意味があればいいのですが、意味のないボール、すなわちムダな仕事を作り出していないかについては検討が必要です。

それでは、ムダな仕事とは具体的にどのような仕事なのでしょうか？

ロンドン・スクール・オブ・エコノミクスの教授であるデヴィッド・グレーバーは、ムダで無意味な仕事を「ブルシット・ジョブ（クソどうでもいい仕事。原文ママ）」と呼び、ブルシット・ジョブの主要な5類型には次のようなものがあると述べています。

①取り巻き：誰かを偉そうに見せるための仕事
②脅し屋：他人を傷つけたり欺いたりする仕事
③尻拭い：ミスや欠陥を取り繕う仕事
④書類穴埋め人：実際にはやっていないことを、やっているように見せかける仕事
⑤タスクマスター：ブルシット・ジョブを作り出す仕事

確かに、席次など「誰かを偉そうに見せる仕事」や「ミスや欠陥を取り繕う仕事」、人の採用や失敗した言い訳のための「実際にはやっていないことを、やっているように見せかける仕事」などは、見かける機会が多いのではないでしょうか？

また、YouGovという調査会社が2015年に行った世論調査では、イギリスの37%の人が「自分の仕事が世の中にとって意味のある貢献をしていない」と答えており、日本でもそのように感じている人が多いと推測できます。

同様に、トヨタ自動車には「7つのムダの排除」という考え方があります。製造・生産における考え方ですが、ほかの仕事をしている人にも参考になるはずです。

①加工のムダ：必要のない作業・工程がある
②在庫のムダ：不要な在庫や備品がスペースを奪っている
③手待ちのムダ：何も作業しない（待機の）時間がある
④動作のムダ：不必要な動きがある。付加価値のない動作がある
⑤運搬のムダ：モノが不必要に長い距離を移動している。レイアウトに問題がある
⑥不良のムダ：廃棄や手直し、埋め合わせが必要になる
⑦作りすぎのムダ：最も悪いムダとされており、ほかのムダを増やしてしまう

併せて、トヨタには事務系職場のための「7つのムダ」というものもあります。

①会議のムダ：何も決まらない会議が開催されている
②根回しのムダ：自分の安心のために過剰な根回しをしている
③資料のムダ：報告のためだけの資料を作っている。資料が多すぎる
④調整のムダ：上位者に相談せず、自分だけで無理に調整しようとしている
⑤上司のプライドのムダ：「私は聞いていない」で根回しやムダな資料が生じる
⑥マンネリのムダ：これまでやってきたからという理由だけで仕事を続けている
⑦「ごっこ」のムダ：事前に練ったシナリオ通りの形だけの会議を開催している

デヴィッド・グレーバーとトヨタが共通して、プライドや見栄のため、そしてミスや失敗のためにムダな仕事を増やしてしまうと指摘している点は、真摯に受け止めるべきでしょう。

親切・丁寧な仕事とムダな仕事に、はっきりと境界があるわけではありません。そのため判断が難しい場合もありますが、不必要にボールを増やさないようにしていきたいものです。

「わからない」で悩むと、自分の時間が死ぬ

▼ボールをすぐに手放せないときは、時間を浪費しないようにする

ボールをどんどんとなくしていきたいのですが、それでもすぐにはボールを手放せないときがあります。その代表例が、「仕事をどう進めていけばいいかわからない」というときです。

仕事の進め方にあれこれ悩んだとして、何かプラスになる結果を得られればいいですが、ただ時間を浪費するケースも多いですよね。

ここでの**ポイントは、「できない。わからない。どうしよう」と悩み続けるのでは**

なく、「今の自分の知識・スキルでは解決できない」とスパッと諦めることです。

そして、無意味に悩んで時間を消費するのではなく、誰かに質問・相談して他人の知恵を借りたり、情報収集・学習をしたりすることで、自分の知識・スキルを向上させます。

健康など、どうにもならない悩み・問題もありますが、仕事における悩みというのは、突き詰めると知識やスキルで解決できることが多いです。私たちが仕事において直面する課題は、すでに誰かが経験したものであることがほとんどです。それらに対して、先人や科学は答えを用意してくれています。

仮に、あなたは「人前で話すと緊張する」という悩みを抱えているとします。緊張するのは、「心が弱い」という生まれつきの問題なのでしょうか？

これに対する私の答えは、「緊張に対処するための知識・スキルが不足している」です。

たとえば、ハーバード大学のダニエル・ウェグナーらの実験では、「緊張を抑えよう」と思うことで逆に緊張してしまうことがわかっています。したがって、緊張に対する正しいアプローチは「別に緊張してもいいか」という開き直りなのです。

ウェグナーらは、「できるだけリラックスするように」と指示されたグループと、何も指示されなかったグループでは、前者のほうがより緊張してしまうことを確認しました。

また、さまざまな研究で緊張などの精神状態と呼吸の関連が指摘されており、リラックスするために「意識的に長くゆっくり息を吐く」などの方法が推奨されています。

▼悩みの多くは、知識・スキルで解決できる

ほかにも例を出しましょう。たとえば、「私は物覚えが悪いから資格試験に合格できない」と悩んでいる人がいたとしましょう。もちろん、足が速い人・遅い人がいるように、物覚えが良い人・悪い人がいるのは否定しません。

しかし、物覚えが悪いと嘆く前に、正しい記憶法を行ったうえで覚えられないのか

どうかを確認するべきです。その人が覚えられないのは、間違った記憶法を行っているからかもしれません。

科学的に効果があるとされている勉強法は多くありますが、その中で私自身効果を感じている方法には次の3つがあります。

①アクティブリコール（想起学習）
②間隔反復
③スタンディングデスクの使用

①アクティブリコール（想起学習）とは、「能動的に思い出すこと」を意味します。これは、テキストなどを読んで一度インプットした情報を、思い出す、つまり問題演習などでアウトプットすることです。

パデュー大学のジェフリー・カーピケらは、テキストを繰り返し読むなどインプットによって学習したグループと、アクティブリコールを行ったグループのテストの成績を比較し、「アクティブリコールを行ったグループのほうが高得点の傾向があった」

と述べています。記憶を定着させるには、インプットだけでなくアウトプットを行うことがより大事なのです。

②間隔反復とは、間隔を空けて（時間をおいて）同じ内容を繰り返し学習することです。これは一般的にも知られている方法かと思います。興味深いことに、ある内容を記憶する際、たとえばそれを一日に4時間かけて覚える場合と、2日に分けて2時間ずつ覚える場合では、後者のほうが記憶に残りやすいとわかっています。かけた時間は同じ4時間でも、間隔を空けたほうが良いのです。

③スタンディングデスクとは、立った状態で勉強や作業を行える机のことです。

スタンディングデスクの有効性を示した研究は多くあり、たとえばTexas A&M University Health Science Centerの研究では、スタンディングデスクを与えられた生徒は集中力が高くなったとわかっています。

スタンディングデスクは仕事においても効果があり、同大学の別の研究では、コールセンター業務において生産性が約45％向上したとのことです。さらに、長時間座ったままでいるのは死亡リスクを高めることもわかっており、スタンディングデスクは健康の観点からも推奨されます。

私自身もスタンディングデスク愛用者であり、その効果を日々実感しています。学生時代の私の大きな後悔は、スタンディングデスクで勉強しなかったことです。もし学生時代にスタンディングデスクで勉強していれば、より集中でき、ストレスを減少させられたと考えています。お子様がいらっしゃる方は、試しにスタンディングデスクで勉強をさせてみてください。座って勉強するよりも勉強の効率が上がる可能性があります。

少し話が脱線しましたが、悩むことで時間を浪費するのではなく、知識を習得するなど前向きに時間を使っていきましょう。

「仕事の意味」を考え始めたら要注意
～意味があればいいのか？～

▼仕事の意味について悩む前に、さっさと終わらせる

「悩んで時間を浪費する」に関連して、私たちがよく陥ってしまうのが、「この仕事に意味があるのか？」と考え込んでしまい、ボールを抱えてしまうことです。

大前提として、「ムダな仕事をなくしていく」ことは非常に大事であり、その重要性を否定するものではありません。

ただ、多くの場合、「この仕事に意味があるのか？」と考えるのは「悩む」に近い行為になっていないでしょうか。

仮に、あなたがある仕事を上司から頼まれたとしましょう。その仕事に対して、あなたは「何の意味があるのか？」と思ったとします。そこであなたは「こんな仕事はムダです。やめましょう」と進言します。

しかし、言われたほうの上司は「そんなことを急に言われてもやると決まっている」「社長がどうしてもと言っている」「お客様の要望だ」などの理由から、結局あなたにその仕事をするよう説得してくるはずです。

私ももちろん、「こんな仕事に意味があるのか？」と思うことがあります。そのときに私が心がけているのは**「意味について悩む前にその仕事をとっとと終わらせてボールを手放してしまうこと」**です。

終わらせてしまえば、その仕事のことをすぐに忘れることができます。また、頼まれたときにその場で「この仕事はムダです」と上司に進言するのも推奨しません。

なぜなら、進言するタイミングではないからです。

進言すれば上司と衝突する可能性があり、時間を浪費することになります。さらに、軋轢《あつれき》を生む懸念もあります。上司に進言する際のポイントは、実はタイミングを間違えないことなのです。

また、これまでに述べてきた通り、「頼まれたら頼み返す」で、上司から何らかの譲歩を引き出すのも良い手です。そうすれば、Win‐Winですよね。

▼上司に進言する際は、「戦略的沈黙」を使う

上司に進言する適切なタイミングを調べた研究では、興味深いことが判明しています。ロンドン・ビジネススクールのマイケル・パークらの研究によれば、部下が上司に進言する際には、すぐにそれを伝えるのではなく、適切なタイミングまで「待つ」ことが重要だとのことです。

研究者たちはそれを**「戦略的沈黙」**と名付けています。

そして、伝えるべきタイミングを見極めるために、次の3つのRに注目すべきだとしています。

①Relevance（関連性）：進言ではなく、今は別のことに注力すべきではないか？
②Readiness（準備）：進言するための準備がしっかりできているか？
③Responsiveness（反応）：上司は進言を受け入れる余裕があるのか？

研究者たちは、**進言を遅らせることで上司から肯定的反応を引き出せる可能性が高まる**と述べています。

仕事を頼まれた直後や思いつきで上司に進言するのではなく、タイミングをしっかりと検討しましょう。

▼そもそも、仕事に意味があればいいのか？

そもそも、「仕事に意味があるかどうか」はなかなか難しい問題です。「職業に貴賤なし」という言葉があるように、どんな仕事にも社会的意義があります。

さらに、誰から見ても意味があるように思える仕事をしているからといって、幸福であるとは限りません。

たとえば、医療職です。ヒューストン大学のブレイク・アランらの研究では、自分の仕事の意味を十分に理解していても、一方でその責任感から強いストレスを感じていて仕事への満足感が低い場合があることもわかっています。意義深い仕事は、一方で責任感や重圧となりえます。

また仕事の意味に関連した問題として、「やりがい搾取」があります。

近年、やりがい搾取という言葉を耳にする機会が増えましたよね。やりがい搾取とは、従業員に仕事の「やりがい」を強く意識させることで、不当な長時間労働や低賃金を強いることです。

このように、「仕事に意味がある」ということにはネガティブな側面もあるのです。

雑念が生じる原因とＤＭＮ

▼デフォルト・モード・ネットワーク

ボールをどんどんと投げ返し、自分にボールがない状態、つまり常に誰かの「確認待ち」の状態にすることで一時的に仕事がゼロの状態を目指すのですが、それを阻むものは多くあります。

これまで見てきたように、悩んだり、仕事の意味について考えだしたりと、私たち自身の思考が私たちの仕事の邪魔をしてきます。

私の結論としては、「あれこれと悩む前にさっさと終わらせる」なのですが、そうはいっても自然と雑念が頭をよぎるものです。

むしろ雑念が頭をよぎるのは当然であり、自然な脳の活動の結果です。

このような雑念が生じやすい脳の活動状態を、デフォルト・モード・ネットワークといい、ＤＭＮと略されます。ＤＭＮとは、何かに特別に注意が向けられているのではなく、どちらかというとぼんやりしているときの脳の活動状態です。

したがって、雑念はぼんやりしているときにこそ起きやすいのです。悩みがあったとしても、何かに忙しくしているときはその悩みを忘れられるときがありますよね。雑念にとらわれたくない人は、夢中になれるものに意図的に取り組むのがよいということもわかってきます。


このように、デメリットばかりのように思えるＤＭＮですが、メリットもあります。それは、創造性が高まること。つまり、アイディアを思いつきやすいのです。

ＤＭＮでは雑念が生じるからこそ、あるアイディアと、それと一見関連のない別のアイディアが突如として結びつき、斬新な発想に至ることがあります。実際、東北大学の竹内光氏らによる研究で、ＤＭＮと創造性の関連が示唆されています。そしてこのことから、「ひらめきの極意はぼーっとすること」などといわれます。

ただし、DMNが活動しすぎるのは問題で、ラドバウド大学医療センターのピーター・モルダースらの研究ではうつ病との関連が指摘されています。DMNの過活動によって、どうやら雑念が強まってクヨクヨと悩み続けることにつながるようです。

▼瞑想（マインドフルネス）には驚くほどに科学的根拠が揃っている

ここまで、雑念という言葉を使ってきましたが、目の前の課題に集中できず、課題とは無関係なことを考えてしまうことをマインドワンダリング（心の迷走）といいます。そして、このマインドワンダリングを抑えるために効果的だといわれているのが、瞑想です。特に、近年ではマインドフルネスという瞑想の一種に注目が集まっています。

瞑想と聞いて、私は最初、怪しさを感じていました。ところがそのエビデンス（証拠）を調べると、驚くほどに科学的根拠が揃っています。

マインドフルネスとは「今、この瞬間に集中すること」であり、やり方を簡単に述べると、目をつぶり、特に「呼吸」に注意を向けます。そして、雑念が頭をよぎっても、再度呼吸に意識を向けます。そうすることで、次第に頭が何も考えなくなっていくようです。

マインドフルネスのメリットにはいくつかあり、たとえば集中力やパフォーマンス、感情のコントロール能力が上がります。

ブリティッシュ・コロンビア大学のキンバリー・ショーナート・ライヒルらが小学生を対象として行った実験では、子どもたちに毎日3分間のマインドフルネスを3回行わせた結果、マインドフルネスを行わなかった子どもよりも算数の成績が15％高くなったとのことです。

この実験では、マインドフルネスによって、子どもたちは社交的な行動を多く取るようになり、さらには攻撃性が低くなることもわかりました。

また、もちろん不安や気分の落ち込みをやわらげる効果もあり、マギル大学のバッサム・クーリーによるメタアナリシス（複数の研究を統合的に分析し、一般にエビデンスレベルが高いとされる研究）でもそれらが示されています。

マインドフルネスにより、雑念が減り、ストレスが低下し、目の前の仕事により集中しやすくなります。毎日３分間×３回のマインドフルネスでも効果があるため、少しずつ導入するのをおすすめします。

あれこれと悩む前にさっさと仕事を終わらせて、自分にボールがない状態、つまり仕事がゼロの状態を目指しましょう！

第5章

メールを減らす

「やりとりの数」を減らす仕組みを作る

▼メールに費やされる膨大な時間

私たちの仕事において、膨大な時間がメールに費やされています。まずは、私たちがメールのやりとりにいかに時間を使っているかを認識することが重要です。

次の質問の答えを考えてください。

質問▼ 一日の労働時間のうち、メールに費やされる時間はどれくらいでしょうか？

世界的なコンサルティング会社として知られるマッキンゼーの分析では、約28％の労働時間がメールの管理に費やされているそうです。一日８時間働いているとして、つまり約２時間15分です。

また、一般社団法人日本ビジネスメール協会が実施している「ビジネスメール実態調査２０２０」でも、約２時間30分となっています。どうやら、**一般的な社会人は一日２時間以上、メールを読んだり書いたりすることに時間を使っている**ようです。

同調査によると、メールを１通読むのに１分19秒かかっており、一日約50通のメールを受信しているため、毎日66分がメールを読むことに使われています。１通のメールを書くのにかかる時間は５分54秒、一日14通のメールを送っているため、**毎日約83分がメールを書くことに費やされている**といえます。

ちなみに、最もメールのやりとりが多いのは部長クラスで、受信は一日約96通、送信は約20通と平均を大きく上回っています。

ぜひ職場にいる部長の姿をイメージしてみてください。長時間パソコンの前に座っているイメージがあるかもしれませんが、ほかの社員以上にメールのやりとりに時間を取られているのでしょう。

▼メールの往復数を減らす方法

以上のように、メールのやりとりに多くの時間が費やされているため、私たちはメールでのやりとりを効率化していく必要があります。

さて、あなたは、次のようなメールを送っていないでしょうか？

〇〇様

いつもお世話になっております。

△△の田中です。

先日お話があった□□の件について、ぜひ一度打ち合わせをさせていただきたいのですが、いかがでしょうか？

どうぞよろしくお願いいたします。

このようなメールの場合、何度もメールを往復する必要が生じます。あなたはメールのやりとりで、少し極端ですが、次のように何度も往復していないでしょうか？

相手「承知しました。いつにしましょうか？」
あなた「そちらに合わせますよ」
相手「それでは2月15日はどうですか？」
あなた「合わせると言っておきながら、申し訳ございません。その日だけはお休みをいただいておりまして……」
相手「そうなのですね。その翌日はどうでしょうか？」
あなた「可能でございます」
相手「時間は13時30分からでいかがですか？」
あなた「かしこまりました。1時間ほどお時間をいただけると助かります」

相手　「問題ございません」
あなた「場所については、ご都合の良いところに伺います」
相手　「それでは、弊社の３Ｆ会議室ということでお願いします」

第３章で、「仮説（答え）を持って質問する」ことの重要性についてお話ししましたよね（１１３ページ参照）。**「どうしましょうか？」と相手に仕事の方向性を委ねるのではなく、「〇〇でいこうと思いますが、いかがでしょうか？」のように自分にとって都合の良いストーリーを作り上げ、それを相手に問う**のです。

つまり、さきほどのメールには仮説がないのです。対面でのコミュニケーションだけでなく、メールでのコミュニケーションにおいても仮説（答え、自分に都合の良いストーリー）を入れ込みましょう。それによって、メールの往復数を減らすと同時に、あなたの時間と手間を節約することができます。

さきほどのメールを書き直しましょう。

〇〇様
いつもお世話になっております。
△△の田中です。

先日お話があった□□の件について、ぜひ一度打ち合わせをさせていただきたいと考えております。

日時につきまして、2月16日、もしくは2月17日の13：30分から1時間ほどお時間を頂戴できますでしょうか？　ご不都合がありましたら、調整させていただきます。

また、打ち合わせ後に別件がありまして、Ｚｏｏｍにて実施させていただけますと幸いです。

あらかじめＺｏｏｍのＵＲＬもお伝えいたします。
（ＵＲＬ）
勝手を申し上げて恐縮でございますが、どうぞよろしくお願いいたします。

この段階でＺｏｏｍのＵＲＬを送るのは少しやりすぎかもしれませんが、こうしてメールに仮説を加えることで、うまくいけば相手から日時の連絡メールが1通来るだけでやりとりが終了します。

やはり「仮説（答え）を持って質問する」というのは、仕事を劇的に減らす可能性を秘めていますね。

最適なコミュニケーション手段を選択すると、仕事は減る

▼「いつもお世話になっております」問題

ビジネスチャットツールを提供する「Chatwork」による「ビジネスコミュニケーション最新調査（2022）」では、**「お世話になっております」「よろしくお願いいたします」などの記入のために、全国で一日に81億2900万円の給与が支払われている**という興味深い試算を行っています。

また、同調査では、**こうした定型文を使用している人は83・6%**となっていました。

メールを書く時間を短縮するため、「お世話になっております」などの定型文の入

力をやめよう、という話になることがあります。

社内でのメール送受信であれば、「やめる」という判断も可能ですが、メールは外部の人との送受信も多いため、一律にやめるのは難しそうです。

私も、もし外部の人からいきなり用件だけが書かれたメールが来たら、面食らいますね。そう考えると、メールと「お世話になっております」を切り離すのではなく、もし「お世話になっております」を使用したくなければ、メールという通信手段ではなく別の手段を使うことも検討すべきです。

▼メディアリッチネスと不確実性

私たちが使用できるコミュニケーション手段には、次のようなものがあります。

①対面
②ビデオ通話

③電話
④チャット
⑤メール

そして、最適なコミュニケーション手段を選択するために参考になるのが、ヴァンダービルト大学のリチャード・ダフトらが提唱した「メディアリッチネス理論」です。

リッチネスとは、豊富な情報を処理できる程度のことであり、先の①〜⑤の手段では当然、「①対面」が最もリッチネスの高いメディアです。

リッチネスの高低には、主として次の2つが影響します。

・フィードバックの速さ
・手がかりの多さ（人の外見、声のトーン、数字、図形など）

一方で、メールはほかの手段と比べてフィードバックが遅く、さらには文字だけが手がかりとなるため（ファイルの添付は可能ですが）、基本的にリッチネスの低いメディアです。

そして、通信手段を使い分ける際に考慮すべきことは「不確実性」だといわれています。つまり、不確実性が高いならリッチネスの高いメディアを使用し、不確実性が低いならリッチネスの低いメディアを選びます。

たとえば、確定事項の一方的な連絡なら、メールなどリッチネスの低いメディアで問題ないということです。

不確実性の高い状況とは、たとえば何か重大な不祥事が起きたとイメージしてください。その際、文書による説明ではなく、対面での説明、あるいは記者会見を求められることがありますよね。

お客様や取引先に対して重大なミスをしてしまったときも、メールではなく直接会って謝罪するのも同じことです。

私は、メールで連絡を受けたとしても、不確実性が高く何度もやりとりが必要な場合、メールよりリッチネスの高い電話を使うケースも多いです。

このように、メディアによってリッチネスに違いがあり、状況に応じて最適なメディアを選ぶことが重要です。

▼メールとビジネスチャットは何が違うのか？

さきほど、メールで「お世話になっております」を使いたくなければ別のメディアを検討するという話をしましたが、その候補となるのがビジネスチャットです。LINEでのやりとりをイメージするとわかりやすいです。

ビジネスチャットには、メールよりも優れた特性がいくつかあります。

- **「お世話になっております」などの定型文が不要で用件のみを伝えられる**
- **フィードバックが速い**（既読の判別も可能、など）
- **一覧性が高い**（メールだと過去のメールを探すのに苦労）
- **一対多のコミュニケーションが可能で情報の共有が容易**
- **メールでは使用しづらいスタンプ・絵文字の使用が許容される場合がある**

したがって、特に社内でのコミュニケーションでは、ビジネスチャットのほうが適しているといえます。

ＮＴＴ西日本が行った「企業のビジネスチャット利用実態調査（２０２３）」では、ビジネスチャットの導入割合は43・１％となっており、ビジネスチャットを利用していない組織はまだまだ多いです。

また、同調査によると、使用されているツールとして圧倒的に多いのがMicrosoft Teamsであり、66・６％を占めています。私にとってこの結果は意外でしたね。SlackやＬＩＮＥ ＷＯＲＫＳなどほかのツールの使用率がもっと高いと思っていたからです。Microsoft Teamsの利用率が高いのは、ほかのサービスですでにマイクロソフト社と契約をしているからだと推測しています。

メールチェックの回数を減らす

▼48分に1回メールを確認する人が5割

先にも登場した「ビジネスメール実態調査2020」では、51・16％の人が一日に10回以上メールをチェックしているとのことです。一日8時間働いているとすると、約48分に1回メールを確認していることになります。

第3章の136ページで、パソコン作業中にポップアップが現れると、ミスをする確率が約2倍になるというミシガン州立大学のエリック・アルトマンらの研究を紹介しましたが、大事な仕事を中断してメールチェックをすることが問題なのです。

メールチェックによって、大事な仕事に集中できなくなり、さらには大事な仕事の先延ばしが起き、結果として生産性が大きく低下する可能性があります。

それでは、私たちは一日に何回メールをチェックすべきなのでしょうか？

ブリティッシュ・コロンビア大学のエリザベス・ダンらの研究では、**メールチェックを一日3回に制限した場合、制限しなかった場合に比べてストレスが大きく低下したと判明しています。**

この研究からわかるのは、メールチェックの回数が少ないほうが幸せになれる可能性が高いということです。ぜひメールチェック回数を減らすことを検討してみてください。

次に気になるのが、「どの時間帯にメールチェックをするか」です。

医者や脳科学者の多くが、しばしば「午前中は脳が働くゴールデンタイムだから、この時間に頭を使う重要な仕事を行うべきだ。したがって、午前中にメールチェックをしてはいけない」と指摘しています。

さらに、第1章でも触れた「決断疲れ（決断を繰り返すことで、次第に決断できなくなること）」との関連を考えても、どうやら午前中にメールをチェックするのは避けたいところです。

アメリカの「リーダーシップIQ」というコンサルティング会社は、次のようなアンケートを取りました。

アンケートの質問▼

あなたの行動に近いのは、①と②のどちらでしょうか？

- ①朝、メールを確認する前に、生産的な一日を送るための計画を立てている。
- ②朝イチで、電子メールのチェックをする。

この結果、②を選んだ人は、①の人に比べて「ムダな一日を過ごした」と感じる割合が高かったのです。

以上から、少なくとも朝イチのメールチェックはやめたほうがよさそうです。

▼結局、いつメールをチェックすべきか？

それでは逆に、いつメールをチェックするべきかというと、**「集中力が低下したタイミング」**がおすすめです。**集中力が高いときは重要度の高い仕事をし、集中力が低下したときにメールをチェックする**ということです。

したがって、次のようなルールでメールチェックを行ってみてはどうでしょうか。

①メールチェックは一日3回まで
②集中力が低下したときにメールを確認する

もしくは、メールをチェックする時間を決めてしまってもいいでしょう。たとえば、「1回目は11時30分、2回目は14時30分、3回目は16時30分」など、人によって最適な時間はさまざまでしょう。ぜひ、あなたに合うタイミングを検討してみてください。

「個人のメールアドレス廃止」という劇薬

▼グループで1つのメールアドレスを共有する

さきほど、社内コミュニケーションではメールよりビジネスチャットが望ましいと述べましたが、社外コミュニケーションの場合、メールになってしまうことも多いです。

そこで、社外コミュニケーションを取る際に有効な手法として、「個人メールアドレスの廃止」という方法があります。つまり、同僚と1つのメールアドレスを共有して使うのです。なかなかに大胆な方法ですが、その分、メリットが多くあります。

業
が
例
さ
と
わ
は
ま

メールは見た瞬間に返信する

▼信頼度を高めるメールやりとりの方法

メールに対しては、「即返信すべき」という人もいれば、「即返信するな」という人もいます。さて、どちらのほうが良いのでしょうか？

これに関連して、メールやチャットなどテキストでやりとりする際に、相手から信頼されるためのポイントについて、カリフォルニア大学のジュディ・オルソンが調査を行いました。

質問

メール対応で信頼されるためには何が大切なのでしょうか？

■ 丁寧さ　or　メールの内容　or　返信の速さ

研究の結果明らかになったのは、「信頼感を感じるかどうかは、相手の返事の速さで決まる」ということでした。つまり答えは「返信の速さ」でした。

確かに、メールを送ってからしばらく、たとえば1週間返信がなければ、次のような不安を覚えますよね。

・相手がメールを読んだのか？
・メールを見逃しているのか？
・電話をしたほうがいいか？
・そもそもメールが届いていないのか？
・嫌われているのか？　無視されているのか？
・入院するなどしてメールが見られない状況なのか？

さまざまな可能性が頭をよぎります。たとえば、友人から飲み会や遊びの誘いがあったとして、その返信が遅いと、次第に誘われなくなっていきますよね。

ちなみに、「メールをすぐに返信するな」という人がどういう主張をしているか調べてみると、「メールチェックによって作業が中断され、集中力が阻害される」ということでした。そして、「メールチェックの回数を減らす」や「メールチェックをする時間を決める」などが推奨されていました。この点については、本書でもこれまでに述べてきたことであり、私も同じ意見です。

したがって、私が言いたいことは、**「メールが受信ボックスに届いた瞬間に返信する」ではなく、「メールを見た瞬間に返信する」**ということです。この2つは、似ているようで大きく異なります。

▼「メールは一度で終わらす」を意識する

よくありがちなのが、一度開いたメールを閉じ、返信を後回しにすることです。しかし、これは効率が悪い仕事の仕方です。このやり方では、なんと2回もメール本文を読むことになってしまうからです。

まず、メールを開いた段階で一回読み、いったん閉じて後でメールを送ろうとする際にも、やはりもう一回メール本文を読み直すことになります。

大事なのは「一度で終わらす」という意識を持つことです。

したがって、メールを読んだら閉じずに返信まで終えてしまいましょう。

このような対応は、メールだけでなく電話でも同じです。返信せずにメールを閉じてはいけないように、電話も切ってはいけません。

よくあるのが、電話で問い合わせを受けること。その際に重要となるのが、電話を切らずに問い合わせの回答を終えてしまうことです。可能な限り、その場で解決してしまいましょう。

もし電話を切ってしまうと、そのあとに面倒なことが起きるかもしれません。

回答を調べて電話をかけ直すと、相手につながらない。しかも、留守番電話にもならない。しばらくたっても相手から折り返しがない。再度かけ直しても相手は出ない。終業時間になったので、次の日にまたかけ直すも……。

たった1本の電話から、相当に作業量を増やしてしまう可能性があります。

このような事態にならないために、電話での問い合わせはその場で終わらせてしまうのが吉です。

私の場合、「今すぐに調べて回答しますので、5分ほどお待ちいただいてよろしいでしょうか？」と電話を保留にして待ってもらっています。

メールや電話の対応で大事なのは、その後のやりとりがなくなる工夫をすることです。

また、メールを見た瞬間に返信することで、作業効率が改善する理由がほかにもあります。それは、「丁寧で長文のメールを送らなくても許される」からです。

メールが来てから時間がたっていなければ、「ご連絡の件について、かしこまりました」と簡略なメールでも十分に許容されるでしょう。

もし数日たってからメールを返信する場合、「このたびはご連絡が遅くなり誠に申し訳ございません。急な出張に行かなければならず、返信できませんでした。ご連絡いただいた件ですが、こちらとしては問題ございません。その通りに対応させていただきます」などと、丁寧で長文のメールを送らなければならないプレッシャーを感じるのではないでしょうか？

やはり、メールを見た瞬間に返信するのが、最も作業効率が良いのです。

▼判断に迷って、メールをすぐに返信できないときはどうする？

ほかにもよくあるのが、メールを見ても判断に迷い、すぐに返信できないという状況です。

たとえば、会食の誘いがあり、参加するか迷っているとしましょう。このような場合でも、やはりすぐに返信します。

ポイントは、何かしら理由をつけ、結論は保留であり再度連絡する旨を伝えることです。

文例：「実はその日、会食の開始時間の前に仕事が入っておりまして、○月○日までに、参加可能か改めてご連絡させていただきます」

このように、**判断に迷ってすぐに返信できない場合でも、判断を保留しており再度連絡する旨をすぐに返信すればいい**のです。

ただし、「迷っている」感をメールに出してはいけません。「お誘いありがとうございます。ですが参加するかどうか迷っていまして」と正直に記載してはいけません。

さきほどの例に挙げたように「(先約があるなど)やむをえない事情から判断を保留している」とします。そうすれば相手が不快に思うこともないでしょう。むしろ、「忙しいのに無理して参加の可能性を探ってくれている」という印象を与えられます。

オハイオ州立大学のグラント・ドネリーは、誘いを断る際の言い方が相手に及ぼす影響について調査を行いました。

その結果、「忙しくて」など自分でコントロール可能なことを理由に誘いを断ると、親近感が顕著に低下すると判明しています。誘いを断るなどの場合には、「（先約など）やむをえない事情・自分ではどうにもならない事情」を伝えましょう。

第6章

ミスを減らす

間違いだらけのミス対策

▼ミスによって失われる時間と増える仕事

当たり前ですがミスを防止することは重要です。ミスが起きることによって、やるべきことが増え、ミスへの対応に多くの時間が費やされることになります。

しかも、場合によっては「5分で行った仕事」によって、「ミスの周知、電話や対面による謝罪、記者会見」までが必要となり、数日・数カ月にも及ぶ問題となる可能性すらあります。

そんな仕事があるのかと思われるかもしれませんが、たとえば個人情報の漏えいというミスではこのような事態になる懸念があります。たった1つのミスで、誰かが責任を取って降格ということもあり、人の人生を大きく左右しかねません。場合によっては命にもかかわります。

ミスが起きることで失うものには、信頼、評価、モチベーション、お金、場合によっては命、など、多くのものがあります。

ここからは、科学的な観点で、どうすればミスを防げるのかについて論じていきます。科学的な観点では、経験だけではなかなか見えてこない興味深い事実がたくさん判明しています。

もしかすると、これまでのあなたの常識をくつがえしてしまうかもしれません。

▼なぜ、科学的に間違った対策が実行されるのか？

質問▼
職場のミスを減らすために、どういう対策を行うべきでしょうか？

残念ながら、多くの組織では、科学的に正しいとは言い難いミス対策が行われています。

その代表例といえるのが、複数人でのチェック、一般にダブルチェックといわれるものです。私が事務ミス防止研修を行う際、さきほどの質問の回答としてまさに「複数人でのチェック」が挙がることが多いです。

複数人でのチェックは、効果がないわけではありません。複数人でのチェックについて、その効果を確かめた論文は多くあり、確かに、複数人でのチェックによってミスが減るとわかっています。

「やっぱり複数人でのチェックには効果があるんじゃないか！」と思われるかもしれませんが、私が言った「複数人でのチェックによってミスが減る」という言葉がまさに複数人でのチェックの限界を示しています。

複数人でのチェックの効果は、ミスが「減る」なのです。つまり、「ミスがゼロになる対策ではない」ということです。ミスが「減る」のか、「ゼロになる」のかという区別は極めて重要であり、あらゆるミス対策で認識するべきことです。

複数人でのチェックは、医療でいうなら根本治療ではなく対症療法にすぎません。つまり、ミスの原因にアプローチして今後ミスが発生しないようにするのではなく、ミスの原因を放置してマンパワーで起きたミスを発見していく方法なのです。

人間は完璧ではありません。そのため、ときにミスを見逃してしまうことがあります。つまり、**複数人でのチェックでは、「ミスが起きる」**のです。

私がよく受ける質問に、次のようなものがあります。

「2人でチェックしてもダメなので、3人でチェックするようにしたのですが、それでもミスがなくならないのです。どうすればいいですか？」

繰り返しますが、複数人でのチェックは、「ミスがなくなる」対策ではありません。

したがって、2人でも、3人でも、4人にしても、複数人のチェックでミスがゼロになることはないのです。

しかしなぜか、多くの人は複数人でのチェックによって「ミスがゼロになる」という錯覚に陥っています。なぜなら、複数人でのチェックによって安心感を得られるからです。そして、この安心感が問題なのです。

では、もう1つ質問に答えてみてください。

質問 複数人でのチェックに安心感を持つ場合がありますが、何に安心しているのでしょうか？

その安心感は、「ミスがゼロになる」という安心感ではありません。

複数人でのチェックによって得られる安心感の正体は、「自分だけの責任にならない」というものです。仮にミスがあっても、自分だけが責められるわけではない、と安堵できます。

つまり、複数人でのチェックには責任をあいまいにする効果があるのです。

一般的に、ミスが起きたときの再発防止策として、複数人でのチェックが乱発されています。私はこれも良くない傾向だと思っています。

「今後は複数人でのチェックを行います！」と宣言すれば、その宣言を聞いた人は「今後はしっかりと人手をかけてミス防止に取り組むのだな」と好意的に受け止めてくれる可能性があります。だからこそ、複数人でのチェックが安易に乱発されてしまうのです。

もし、複数人でのチェックという対策しか講じないのであれば、それは根本的な対策を考えることを放棄しているのと同じです。

しかも、複数人でのチェックはノーリスクではありません。複数人でのチェックには、次のようなデメリットがあります。

①時間や手間がかかる
②余裕を失い、ほかのミスを誘発させる
③チェックのために、ほかの人の作業を中断させて確認してもらう必要がある
④ほかの人がチェックしてくれるから、とチェックに手を抜くようになる

④について、他者に依存してチェックの精度が甘くなることを「社会的手抜き」、もしくはリンゲルマン効果といい、実験により実際に起きることが確認されています。

これらのデメリットを考慮しない場合、複数人のチェックによってミスが減るどころか増える可能性すらあります。複数人でのチェックは、私たちが思っているより運用が難しいのです。

したがって、複数人でのチェックは、最終手段だと思ってください。まずは**ミスの原因にアプローチし、ミスを根本的になくす・ゼロにする対策を行う**ことが大事です。職場のミスを防止するうえで、この点が最も重要だと私は認識しています。

▼「ミスをなくせ」では、ミスはなくならない

「しっかりと気をつけていればミスをしない」

そのように思っている人は多いはずです。果たして本当にそうなのでしょうか？

「しっかりと気をつけて」とは、言い換えると「しっかりと注意をすれば」ということでしょう。つまり、これは注意力の話です。


さて、注意力でミスを防げるのでしょうか？

科学的には、「注意力でミスを防ぐことはできない」となります。

なぜなら、注意力を長時間維持することが難しいからです。確かに、注意をすればミスは減ります。しかし、その注意力を、たとえば一日の労働時間である8時間持続させるのは困難です。


あなたは、一日中、注意力のある状態、すなわち集中状態を維持できますか？

もしこの答えがＮＯなら、あなたもミスをしやすい時間帯があることになります。

人間の注意力がどれくらい持続するのかを調べた実験として、ミスの科学の分野ではノーマン・マックワースの実験が有名です。実験の結論は、**「人間の注意力は30分ほどしか持たない」**となりました。実験の詳細は次のようになります。

白い文字盤の時計があり、黒い秒針が1秒ごとに1回動きます。ところがたまに、秒針が通常の2倍分の距離を一気に動くときがあります。この時計を約2・1メートル離れたところから見て、その現象が見られたらボタンを押します。この実験をしてみると、およそ30分で識別する能力が低下するとわかりました。

さらに、職場では、注意力のない状態の人がいる可能性が高いのです。疲労、睡眠不足、酒酔い、体調不良など、さまざまな理由から注意力のない人は必ずといっていいほどいるはずです。しかも、注意力のない人を外見から判断するのも難しく、さらには睡眠時間や飲酒量について、会社が注意・管理をするのはさすがに越権行為です。社員の疲労、睡眠不足、酒酔い、体調不良については、組織がコントロールできない領域であるため、注意力に頼ったミス防止策はやはり危険なのです。

やるべきことは、**人間の注意力に頼らずとも、ミスが起きないようにすること**です。

そんな方法があるのかと思うでしょうが、ちゃんとあります。

その1つが**「テクノロジーの導入による自動化」**です。

飛行機は世界で一番安全な乗り物だといわれていますが、それを実現している大きな要因の１つが、自動操縦（オートパイロット）です。パイロットが自分で飛行機を操縦している時間は、実はかなり少ないのです。

ほかにも、誤送付対策として、封《ふう》入《にゅう》封《ふう》緘《かん》機《き》というものがあります。見た目は職場にあるコピー機に似ており、送付に関連する作業を自動化できる機械です。具体的には、封筒に資料を入れ、のり付けまで行ってくれます。大量に送付する必要がある場合、これを人力で行うと多くの時間が必要で、さらにミスが起きる可能性があります。

第３章で、ＲＰＡやエクセルマクロによるパソコン作業自動化について触れましたね（１４９ページ参照）。ＲＰＡによって、たとえばデータの入力を自動化することができます。すると、ミスがなくなるだけでなく、確認する手間も不要となります。

自動化というのは、ミスをなくす強力な手法の１つです。

すぐには難しいかもしれませんが、長期的に目指すべきことは、ミスが起きないような仕組みを導入することなのです。

また、テクノロジーに頼らなくとも、アナログな手法でミスが起きない仕組みを作ることは可能です。

まずは身近な例として、「午後から雨が降るのに、傘を持って行くのを忘れて出社する」というミスの対策を考えましょう。家を出るときに晴れていると、傘を忘れてしまうことがありますよね。

さて、傘を忘れないようにするにはどうすればいいでしょうか？

たとえば、次のような方法があります。

①家の玄関のドアノブに、傘を掛けておく（家を出るときに必ず傘に気づく）
②長い傘をやめ、折りたたみ傘を常にカバンに入れておく

大事なことは、「忘れないようしっかりと注意する」のように注意力に頼るのではなく、「絶対に忘れない仕組み」を作ることです。

次に、書類の誤送付というミスを考えましょう。個人情報が記載された書類を送付する際、封筒に表示された宛先が別人となっていたため、情報の漏えいが起きたというケースが全国で発生しています。

このような場合でも、アナログな仕組みによって誤送付を防ぐことが可能です。やってはいけないことは、「封筒に書類を入れた後、もう一度書類を取り出して封筒の宛先と中の書類を目で確認する」のような人間の注意力と労力に頼った対策です。

送るべき書類が１枚であれば、窓付き封筒を使うことで誤送付を防ぐ仕組みを作ることができます。窓付き封筒とは、封筒の一部が透明になっており、封入物（書類）に書かれた氏名や住所を外からでも見られるようになっているものです。窓付き封筒なら、注意力と労力なしに、送付先と中の書類の不一致を防ぐことが可能です。

以上、ここまで見てきたようなミスが起きない仕組みを、普段あなたが行っている仕事の中で構築してほしいのです。テクノロジーとアナログの両面から、ミスが起きない仕組み作りを行ってください。

ヒューマンエラーはなぜ起きるのか？

▼ヒューマンエラーとは何か？

ヒューマンエラーとは、直訳すると「人間の誤り」ですが、科学的にはもっと複雑な定義となっています。

典型的なヒューマンエラーの定義は、「システムによって定められた許容限界を超える人間の行動」です。

人間の行動の善し悪しの基準は、システムによって決められるということです。立教大学の芳賀繁名誉教授は、著書『事故がなくならない理由』（ＰＨＰ研究所）の中で次のように指摘しています。

「事故の多くがヒューマンエラーによって起きているので、設備ではなく人間の意識や注意力を高めることで事故を防ぐ必要がある」などと言う人がいるが、それはヒューマンエラーという概念を誤解している。ヒューマンエラーはシステムの中で働く人間が、システムの要求に応えられないときに起きるものなのだから、対策は設備を含めたシステム全体で考えるべきである。この意味で、ヒューマンエラーは失敗やうっかりミスと同義語ではない。ヒューマンエラーはシステムの中で起きる、人間の判断や行動の失敗なのである。

たとえば、公立学校において、プールの水を溜める際に、教員が水を出しっぱなしにするというミスが毎年のように起きています。その結果、水を出した教員や管理職が何十万円、何百万円という金額を賠償しています。

「ヒューマンエラーはシステムの中で働く人間が、システムの要求に応えられないときに起きる」ということをこのケースで考えると、つまり、プールの水を溜めたい教員は次の2つの操作をシステムに要求されているということです。

①水を出す
②水を止める

そして、この②の要求に応えられなかったため、プールの水を出し続けたということになります。水を出してから止めるまでに相当な時間差があるため、その間に「止めるのを忘れる」ということが起きてしまうのです。

質問

「プールの水を出しっぱなしにする」というケースでは、誰に責任があるのでしょうか？　水を出しっぱなしにした教員に責任があるのでしょうか？

ミスの科学の分野では、「教員だけの責任ではない」と考えます。なぜなら、「水を出しっぱなしにする」という行為は誰しもがやってしまうミスだからです。

私も、水を出しっぱなしにしたことは何度もあります。私は研修で、「水を出しっぱなしにしたことが『ない』、という人はいますか？　その人は手を挙げてください」と質問しますが、いまだかつて手を挙げた人はいません。

つまり、その教員の責任にして、それ以上の原因究明・対策を放棄した場合、「また別の人がミスをする」ことになります。それは、1カ月後なのか、1年後なのか、数年後なのかわかりませんが、きっとまたほかの誰かが同じミスをします。

そして、このミスを防止する方法は簡単に思いつきます。「自動で水が止まる仕組み」を導入するだけです。家の風呂の水を溜めるとき、自動で止まる仕組みがある家庭も多いですよね。したがって、プールの水を自動的に止めることは、実現不可能なテクノロジーではなさそうです。

「水が自動で止まる仕組み」があれば、教員がシステムに要求される操作は「①水を出す」だけであり、今度ミスが起きる可能性は相当に低くなります。

それでもまだ課題があり、仮に「自動で止まる仕組み」があっても、「自動ではなく手動ボタンを押して水を出してしまった」というミスもあるようです。

さらにはある市で、市民から寄せられた意見としてこのようなものがありました。


【意見内容】

他市で小学校のプールの水を止め忘れ、税金でも水道料金を支払ったとのニュースを見ました。以前、○○市でも同様な案件がありましたが、その後対策はされていますか。また、機械で自動的に止められるようにできませんか。


【教育委員会からの回答】

今回、ご意見をいただきました自動停止装置は、プールの構造上の問題や費用面での課題もありますので、現時点で設置する予定はありませんが、今後も学校と連携をとりながら、マニュアルなどに基づいて漏水防止に取り組んでいきます。

このように、「自動で止まる仕組み」の導入にもハードルがあるようです。あえて導入しないということは、リスクを教員に負わせているということなので、「教員を責める」ということがないよう願っています。

▼ヒューマンエラーを防止する方法

以上、ミスの科学ではヒューマンエラーをどう考えるかについて話してきました。それでは、ヒューマンエラーを防止するにはどうすればいいでしょうか？

ここまでの議論を踏まえれば、自然と答えは見えてきます。

その答えは、「人間だけでなく、機械や道具、ソフトウェア、マニュアル、教育、職場の環境、組織文化など、さまざまな観点からミスの原因を探り、二度と起きないよう対策を立てること」です。

ミスが起きると、つい「ミスをした人」を責めたくなりますが、機械やマニュアルなど、ほかに根本的な原因がある可能性もあります。

たとえば、「個人情報の入ったＵＳＢメモリを、社外に持ち出した結果、それを紛失する」というような事故をよく耳にします。

さて、この問題は、「ＵＳＢを持ち出した人」を責め、「今後は二度とＵＳＢメモリを持ち出すな！　わかったな！」と注意して解決できるのでしょうか？　このようなやり方では、再度別の人がＵＳＢメモリを持ち出す可能性があります。

個人情報の入ったＵＳＢメモリを社外に持ち出すという場合、悪意を除き、「仕事が終わらないから家で仕事の続きをやろうか」のように、持ち出したくて持ち出しているのではないはずです。持ち出すことは悪いとわかっていても、持ち出さざるをえない状況まで社員が追い込まれ、つい持ち出してしまうことは十分に想像できます。

この問題を根本的に解決するためには、次のような対応が必要です。

・USBメモリの使用を禁止する
・パソコンがUSBメモリを認識しないようにする
・USBメモリだけでなく、そのほか外部メディアも認識しないようにしておく

人間とは「抜け道」を探そうとするものであり、これでもまだ不十分かもしれません。ほかにも「メールで情報を送信する」などのリスクが考えられますので、それにも対処が求められます。

ここまで述べてきたように、ヒューマンエラーを防止するには、機械・マニュアル・職場環境などさまざまな視点からミスの根本原因にアプローチしていくことが重要です。

トヨタ自動車の有名な教えとして、「人を責めるな、仕組みを責めろ」というものがあります。これは、ミス防止の科学の観点からも大いに支持されています。ミスのない職場を目指す際に、ぜひ肝に銘じてほしい言葉です。

科学的に正しいチェック・見直しの方法

▼チェック・見直しの方法を変えて、複数回のチェックを行う

さて、ここまで、科学的観点でミスを防止するための方法について論じてきましたが、話のスケールが少し大きかったため、ここからは個人として何を意識すればいいかについて話していきます。

個人としてミスを防ぐために重要なことは、しっかりと見直しを行うことです。当たり前のように思われるかもしれませんが、あまり知られていない科学的に重要なポイントがあります。

それは、**「見直しの方法を変えて、複数回のチェックを行うこと」**です。

たとえば、パソコンで資料を作るとして、みなさんもまずはパソコン画面を見ながら見直しを行うはずです。

そして、次にやるべきことは、「やり方を変えて見直しをすること」です。つまり、パソコン画面上での確認とは違うやり方でミスの発見を試みます。

したがって、たとえば「印刷したうえでミスを確認する」や「音読しながらミスを確認する」などを行います。

なぜやり方を変えるかというと、それは「同じ見直しの方法では、同じミスを見逃す可能性が高いから」です。

エクセルでは、パソコン画面上の表示と、印刷されたものが異なるケースがあります。私もこれに悩まされることがあり、「確かにパソコン画面上では罫線が入っているのに、印刷したら罫線が消えている」ということが何度もありました。したがって、もし「パソコン画面上での見直し」しか行わなかった場合、罫線が消えていることに気づけないのです。

見直しの方法を変え、「印刷したうえでミスを確認する」ことによってさきほどは気づかなかったミスを発見できます。

今まで「同じやり方で見直す」「見直しのやり方を変える」という言葉を使用してきましたが、ミスの科学ではそれぞれ次のような言葉を使います。

・同種防護：同じ観点でチェックすること
・異種防護：異なる観点からチェックすること

つまり、チェック・見直しをする際には、異種防護の観点で複数回のチェックを行うことが大事だということです。これを、「異種防護の多重化」と呼びます。

▼異種防護の多重化で、ひとりでも十分な見直しはできる

見直しというと、つい他人を頼りたくなりますが、異種防護の多重化を行えばひとりでも十分な見直しができます。

また、ダブルチェックという言葉がありますが、実は科学的な定義では「2回チェックすること」であり、必ずしも複数人である必要はありません。そのため、「ひとりでのダブルチェック」というのもありえます。

したがって、まずは他人に頼らず自分でしっかりと見直しましょう。

ひとりでも、次のようにすれば、しっかりと見直せます。

①パソコン画面上で確認
②印刷して確認
③音読して確認

④逆から確認（最後から確認）

⑤時間をおいて確認

「④逆から確認（最後から確認）」については、数字や長文資料のチェックの際に行うのがおすすめです。

ミスが多くて悩んでいる人は、ぜひ異種防護の多重化を行ってみてください。

繰り返しになりますが、複数人でのチェックは、多くの人の時間を奪うことになりますので、乱発してよいものではなく「ここぞ！」という場面でのみ用いましょう。

WBSで仕事は確実に、そして最短で終わる

▼モレがなければ、その仕事は必ずうまくいく

社会人になって間もない頃、私は仕事ができませんでした。たくさんミスをして、失敗をしました。休みの日でも、「本当に今取り組んでいるプロジェクトがうまくいくだろうか？」と不安でした。

そんなときに、ふと「あること」に気づきました。それに気づいたときから、ミスや失敗が劇的になくなりました。

その「あること」とは何かというと、「モレをなくすこと」です。

やることにモレがなければ、「どんな仕事でもうまくいく」と確信を持てるように

なったのです。やるべきことにモレがあるから、「しまった！　準備するのを忘れていた！」のような事態が起きるのです。

今、新人の頃を思い返してみると、この「モレをなくす」ということに気づいたことはとても大きなことでした。「あれも対応できている。これも対応できている。モレなく全体を把握できているから、きっとうまくいく」と自信を持って働くことができるようになりました。

もちろん、上司から何を聞かれても、きちんと答えることができます。上司も安心して仕事を任せてくれるようになり、進捗の報告も少ない回数で済むようになっていきました。

確実に仕事を終わらせることで上司の信頼が厚くなり、報告する際にも細かい点を確認されなくなります。仕事を確実に終わらせることで、ミスの後始末に時間を取られなくなり、さらには報告業務の負担も減っていきました。

そして、「やるべきことをモレなく列挙する」という際に重要なことは、それを仕事に取り組む前に行うことです。具体的な作業にとりかかる前に、やるべきことを列挙し尽くすのです。

これのメリットは、仕事が確実に終わるだけでなく、「最短」で仕事が終わることです。

たとえば、モノを買う必要があったとして、買うものを事前にすべて列挙していないとしましょう。一度店で買い物を終えましたが、しばらくたってから、「アレも買わないといけないのか！」と気づいて再度店に行く必要が生じます。

事前にすべての仕事を列挙していれば、仕事の優先順位付けを適切に行えると同時に、二度手間を防ぎ、まとめられる作業はまとめて行うなど作業を効率化することができます。

やるべきことをモレなく列挙してしまえば、その仕事は確実に、そして最短で終わるのです。

▼ＰＭＢＯＫとＷＢＳ

あなたはＰＭＢＯＫというものをご存知でしょうか？　ＰＭＢＯＫは、仕事をしている人なら知っておいて損のないものです。

ＰＭＢＯＫ（ピンボック）とは、「プロジェクトマネジメントの知識体系」であり、プロジェクトマネジメントの国際標準とされているものです。つまり、プロジェクトの進め方には、世界的に認められた方法があるということです。

おそらく、仕事の進め方について、多くの人が独学で学ばれていると思いますが、実は世界基準のやり方があるのです。

そして、ＰＭＢＯＫでは、いわゆる「やることリスト」のようなものをＷＢＳと呼びます。そして、実は、ＷＢＳのＢがポイントなのです。

質問
ＷＢＳのＢとは、何の英単語の頭文字でしょうか？

ＷＢＳとは、Work Breakdown Structure の頭文字を取ったものです。つまり、Ｂとは、Breakdown、つまり「分解」を意味します。ＷＢＳは作業分解構成図と訳されることが多いです。

つまり、**「やることリスト」を作る際には、分解がポイント**なのです。

あるプロジェクトがあるとして、それをまずは大きなタスクに分解します。たとえば、３つの大きなタスクに分解できたとしましょう。続いて、それらの大きなタスクを、細かい小さなタスクに分解します。それができたら、さらにそれら小さなタスクを分解し、実行するべき具体的な作業を列挙します。

分解の際に重要なことは、「１００％ルール」を意識することです。

１００％ルールとは、簡単にいえば、やるべきことが完全に網羅されているということです。そして、分解して最終的に列挙した作業を実行すれば、１００％完全にプロジェクトが完了するかを確認します。

最終的に分解された作業を足し合わせると小さなタスクが再現でき、小さなタスクを足し合わせると大きなタスクとなり、大きなタスクを足し合わせるとプロジェクトが完成する、ということをチェックするのです。

したがって、ＷＢＳにおいても、「モレなくやるべきことを列挙する」という発想が重要視されています。

最後に簡単な例を挙げましょう。

あなたが会社の送別会の幹事になったとします。それでは送別会運営の仕事を、今回は「ヒト・モノ・カネ」に関する仕事に分解してみます。するとたとえば、

・ヒト：出席人数確定、座席の決定、参加者と店への連絡、進行に関する準備
・モノ：料理・ドリンク内容の確定、花束の準備、マイク・スピーカー用意
・カネ：参加費の徴収、店への代金支払い

このようにすれば、とりあえずは送別会をうまく終わらせられそうです。また、ヒト・モノ・カネと分解しましたが、これがベストな分解方法というわけではありません。

近年では、ヒト・モノ・カネではなくヒト・モノ・カネ・情報・時間のほうが良い分解とされています。

分解の方法に正解はなく、そのつど適切な分解を考えていくことになります。分解については慣れが必要であり、最初は難しいと思いますが、諦めずに良い分解を探し続けてください。

確実に仕事を終わらせるためには、「モレをなくす」という発想やＷＢＳが役に立ちます。ぜひ仕事においても心がけてみてください。

認識のズレ、理解のズレをゼロにする

▼コミュニケーションエラーを防ぐ「確認会話」

ミスは、ちょっとした言い間違いや聞き間違い、思い込み、誤解などにより発生することがあります。このような、情報が相手に正しく伝わらないというコミュニケーションの失敗を、コミュニケーションエラーといいます。

コミュニケーションエラーを防ぐために、相手が言ったことを再度繰り返す「復唱」という方法が古くから用いられています。

しかし、復唱だけでは防げないコミュニケーションエラーがあることから、現在では復唱に加えて「ある方法」が重要だと認識されています。

それが、**「確認会話」**です。

確認会話とは、相手が話したことに対して、疑問点を質問して確認することです。鉄道総合技術研究所の実験では、復唱と確認会話を行うことでコミュニケーションエラーを約半分に減らせたとのことです。

あなたも、上司などから指示を受けたとき、判断に迷うことがあるはずです。その際は確認会話を行うことが重要です。

確認会話を行うことでコミュニケーションエラーを減らせるのはもちろんですが、あなたの評価を下げないためにも、指示を受けた時点で確認会話を行うべきなのです。なぜなら、指示を受けた段階で確認会話を行わず、しばらく時間がたってから質問をすると、「えっ、指示を出してからずいぶん時間がたったけど、まだそんなことで迷っている段階なの？　本当に間に合うのかな？」と、あなたの信頼度・評価が下がる懸念があります。

特に、レベルの低い（初歩的な）質問は、時間がたつと尋ねにくくなります。したがって、指示を受けた段階で確認会話を終えてしまうことを推奨します。

私の場合、指示を受けた瞬間に作業のスタートから終了までの全体をイメージします。そして、判断に迷うことがあればその場ですべての確認会話を終えてしまいます。

▼確認会話を行えない雰囲気がある場合は要注意

コミュニケーションエラーを防ぐためには確認会話を行うことが重要ですが、職場によっては確認会話を行えない場合があります。

たとえば、上司が高圧的で「疑問を許さない」という雰囲気をまとっているケースです。このような状況では、部下が自分の判断で仕事を進めざるをえなくなり、重大なミスを引き起こしてしまう可能性があります。

個人として確認会話を心がけることは大事ですが、それ以上に確認会話（質問）をしやすい職場の雰囲気を作ることが重要です。

特に、確認会話をされたときに不機嫌そうな態度を取ることは避けましょう。確認会話を気軽に行えない組織では、深刻な問題が起きてしまう懸念があります。

ミスを責めると、何度も、しかも重大なミスが起きる

ミスを責める組織ほど、重大なミスを起こす

質問
職場で誰かがミスをしたとき、「なんでそんなミスをしたんだ！ 次は絶対にミスをするな！」のようにミスをした人が責められてはいないでしょうか？

さきほど、疑問点を質問・確認しやすい雰囲気を作ることが大事だといいましたが、ミスの科学ではミスを報告しやすい体制を作ることも重要視されています。

しかし、この質問のように、ミスをした人が責められるような職場では、多くの人がミスを隠そうとしてしまいます。なぜなら、ミスを報告して叱責されるのが怖いからです。

質問▼ ミスを隠そうとする組織では、どのような問題が起きるでしょうか？

ミスの科学の分野では、「ミスを隠してはいけない」といわれます。ミスが隠れると、次の2つの深刻な問題が生じるからです。

①同じミスが起き続ける
②手遅れになってからミスが表面化する

「①同じミスが起き続ける」について、ミスの発生が知らされていない場合、また別の人が同じようなミスをする可能性があります。もしミスが職場で共有されていれば、

「こういうミスが起きているんだな。気をつけよう」と周囲の人は注意することができます。

さきほど、「公立学校でプールの水が出しっぱなしになったミス」や「USBメモリの社外持ち出し」の事例を取り上げましたが、それらがニュースになって拡散されたことで、多くの人が「注意しよう」と気をつけることができるのです。ミスが広く共有されることには、ミス防止の観点で大きな意味があります。

「②手遅れになってからミスが表面化する」について、ミスを報告すると叱責される場合、多くの人はミスを隠そうとし、こっそりとミスを処理しようとします。そして、水面下で処理できず、「もうどうにもならない」となってから「申し訳ございません。○○というミスをしてしまいました」と報告することになります。手遅れになってからミスが報告されるため、もう上司にもどうにもなりません。したがって、ミスを隠そうとする組織では、重大なミスが起きやすくなってしまいます。

以上から、ミスを報告しやすい体制作りが大事だといわれています。

個人として注意をしたいのは、不機嫌です。不機嫌な人のところには、情報が集まりづらくなります。たとえば、ミスを報告したいのに上司が不機嫌だとすると、部下は「今は不機嫌だから報告するのをやめておこう」と考え、ミスの報告を遅らせることがありますよね。

このように、不機嫌な人がいる職場ではコミュニケーションのスピードが低下してしまいます。そして、コミュニケーションスピードの低下は、ミスの観点以外にも、生産性の低下や意思決定の遅れなどの問題を引き起こします。

ライフネット生命の創業者であり、立命館アジア太平洋大学の元学長である出口治明氏は、「不機嫌な上司は不要、鏡で自分の顔見よ」（NIKKEIリスキリング）で次のように述べています。

中国の古典「貞観政要」にも、「上に立つ人間は、ポケットに鏡を入れておかなければならない」と書いてあります。カッとなったり、腹が立ったりしたら、鏡で自分の顔を見なさい、と。（中略）上に立つ人間は、元気で明るく楽しい顔をしていなければなりませんし、それができない人は、上司になってはいけないという考えなんですね。上司が元気で明るく楽しそうにしていたら、職場は楽しくなるんですよ。楽しくなれば、みんな頑張るんです。

本気でミスを減らしたいなら、勇気を出してミスを表面化させていかなければならないのです。

▼成功するチームの鍵は「心理的安全性」

さて、「ミスを報告しやすい体制を作る」ことの重要性を指摘しましたが、より専門的な言葉を使用すれば、「心理的安全性を確保する」となります。

心理的安全性とは、「考えや感情について人々が気兼ねなく発言できる雰囲気」のこと。より具体的には「自分の考えを正直に言っても、ほかのメンバーに拒否されたり非難されたりすることがなく、人間関係が悪化する可能性を気にしなくてもいいという信頼感がチーム内に広がっている状態」を意味します。

心理的安全性の定義を見ても、自分が所属している組織に心理的安全性があるのかわかりにくいですよね。

ハーバード・ビジネススクールのエイミー・エドモンドソンは、心理的安全性を測定するための7つの質問を用意しています。次の7つの質問への答えがＹＥＳなら、心理的安全性が高いと判断できます（質問をシンプルにするため、一部文言を変更しています）。

①ミスをしても非難されない
②異質なものを排除する傾向がない
③助けを求めることができる
④問題や難しい課題を提案して議論できる
⑤リスクの高い発言や行動をとっても安全だと思える
⑥チームのメンバーは他者をおとしいれるような行動をしない

⑦自分のスキルや才能が尊重され、有効活用されている

「①ミスをしても非難されない」という点については、これまでにその重要性を確認しています。逆に、ミスが非難されると、メンバーはミスを隠そうとするのでしたね。

さらに、心理的安全性は、ミスの科学の分野で重要視されるだけでなく、より広く生産性向上の観点からも注目されています。

なぜ心理的安全性を確保することで生産性が向上するかというと、情報の共有が速やかに行われたり、ほかの人に気軽に相談できてアイディアをもらえたりするからです。

近年、心理的安全性という言葉の認知度も高まってきていますが、そのきっかけとなったのが検索サイトで有名なグーグルの研究です。グーグルの『効果的なチームとは何か』を知る」によると、**真に重要なのは「誰がチームのメンバーであるか」よりも「チームがどのように協力しているか」**だとのことです。さらに、チームの効果性に影響する要因を重要な順に示すと、次のようになったとのことです。

①心理的安全性
②相互信頼（メンバーはお互いに信頼しあっている）
③構造と明確さ（目標や役割が明確である）
④仕事の意味（メンバーが仕事に意義を見出している）
⑤インパクト（自分の仕事が、世界に良い影響を与えると信じている）

このように、グーグルは効果的なチームを作るための最も重要な要因として心理的安全性を挙げたのです。グーグルの研究以外にも、心理的安全性に関する研究は多く行われており、基本的にその有効性が支持されています。

以上から、ミス防止の観点でも、生産性の高いチームを作るという観点でも心理的安全性が重要だとわかります。

蛇足ですが、心理的安全性の注意点についても触れておきます。

心理的安全性はすべての組織に必要かというと、そうではない場合もあります。心理的安全性が必要かどうかを判断する基準の1つが、「不確実性」の高低です。

たとえば非常に極端な例ですが、競争環境の不確実性が一切なく、経営者の判断にただ忠実に従っていれば物事がうまくいくという場合、心理的安全性は不要かもしれません。

逆に、競争環境の不確実性が高く、経営者が何をするべきかわからない場合、従業員の率直な意見を求める必要があり、心理的安全性が重要となります。

あなたのいる業界は、不確実性が高いでしょうか？　それとも低いでしょうか？

▼心理的安全性を高めるためにリーダーにできること

さて、心理的安全性が重要だとして、具体的にはどうすれば心理的安全性を高めることができるのでしょうか？

ハーバード・ビジネススクールのエイミー・エドモンドソンは、心理的安全性を高めるためにできるリーダーの行動には、次のようなものがあると述べています。

①直接話のできる親しみやすい人になる
②現在持っている知識の限界を認める
③自分もよく間違うことを積極的に示す
④参加を促す
⑤失敗は学習する機会であることを強調する
⑥具体的な言葉を使う
⑦境界（ルール）を設け、その意味を伝える

⑤に関連して、ミスの科学の分野でもミスを「学習機会」ととらえることの重要性が指摘されています。自分や他人のミスから学び、再発防止につなげていくのです。税務大学校研究部の工藤誠教授は、これに関連して次のように述べています。

非難は、組織内に強力な負のエネルギーを生むことになり、何かミスが起こったときに、非難される環境では、誰でも失敗を隠したくなる。しかし、もし「失

敗は学習のチャンス」ととらえる組織文化が根付いていれば、非難よりもまず、何が起こったのかを詳しく調査しようという意思が働くことになる。

（出典：『税務行政におけるヒューマンエラーの防止についての一考察』）

ここまでさまざまなミス防止に関する論点を扱ってきましたが、科学的な観点では、多くの組織で有効だとされている方法が実は有効ではないということも多いのです。

「複数人でのチェックでミスはなくならない」「見直しをする際はやり方を変えて複数回チェックする」「ミスをした人を責めてはいけない」「ミスが隠れてはいけない」「ミスを報告しやすい体制を作る」「心理的安全性を確保する」「ミスを学習機会ととらえる」など、知識としてはわかっていても、それらを実際に行うことは大変ですし、勇気も必要です。そして、時間もかかります。

少しずつ、ミスに強い組織づくりを進めていただくことを願っております。

おわりに

この本を最後までお読みくださり、誠にありがとうございます。そして、お疲れ様でした。本書では「減らす習慣」を身に付けるための、さまざまな知識を紹介してきました。

あなたの心に響くものが、少しでも多くあることを心から願っております。

この本は、単に仕事を減らすことだけを目的としているのではありません。本文中でも述べましたが、「あなたにとって本当に大切なもの」を優先し、そこに時間とエネルギーを割いていただくことも目指しています。しかし、それを妨害するのが、実は私たち自身なのです。なぜなら、「忙しい＝社会から必要とされている」と考えてしまうからでしたね。

それでもどうか、時間に余裕を持つことを恐れないでください。時間に余裕がなければ、大きな（難しい）仕事や新しい仕事にチャレンジすることもできません。

改めて、現代経営学の父ピーター・ドラッカーの言葉を掲載します。

「いかなる成果もあげられない人のほうがよく働いている」

時間に余裕があるからこそ、大きな成果も出せるのです。

したがって、勇気を持って仕事をどんどん減らしていきましょう。

私は大学の最終講義で、「成功の方程式」の話をすることが多いです。それは、次のようなものです。

★成功回数＝成功確率×挑戦回数

あなたはこの式を見て、何を思うでしょうか？

例として、ある漫画家志望者がコンテスト（賞）に応募することを考えましょう。

すると方程式は次のように書き換えられます。

★受賞数＝受賞確率×応募数

仮に、受賞確率が5％だとすると、賞を取るためには20回ほど応募が必要となります。

さて、私がこの式で何を言いたいのか……ここで質問です。

質問
私たちの「能力」が関係するのは、成功確率と挑戦回数のどちらでしょうか？

「能力」が大きく関係するのは成功確率です。一方、挑戦回数は能力とあまり関係がありません。挑戦回数は能力にかかわらず、基本的に誰でも好きなだけ増やすことができます。

ここが重要なところで、挑戦回数はすぐに増やせる一方、能力が関係する成功確率を一気に高めるのは困難です。

つまり、成功するかどうかは、能力と関係のない挑戦回数が大きな影響を与えます。

さらに、私は年を取れば取るほど、成功確率よりも挑戦回数のほうが成功において重要だと思うに至っています。

テレビなどのメディアを見ていると、「なんでこんな普通の人が出ているんだ？」と思ったことがありませんか？　もしかするとその人は「挑戦回数」によって成功した人なのかもしれません。

挑戦回数は、「行動力」と言い換えてもよいでしょう。

以上から、何か物事に取り組む際には、行動力、つまり実際に行うことがポイントとなります。

したがって、本書で知識を学ぶだけでなく、実際に行動に移すこともぜひ大事にしていただければと思います。そしてその行動が、あなたの「習慣」を形作っていきます。

また、この場を借りまして、本書執筆の機会をくださった編集者の鹿野哲平様、そしてフォレスト出版様に心から感謝申し上げます。

改めまして、読者の皆様、どうもありがとうございました。再びお会いできる日を楽しみにしております。

中村一也

【著者プロフィール】
中村 一也（なかむら・かずや）

1986年京都府生まれ。データサイエンス教育総合研究所、京都精華大学、大阪大谷大学で研究員・講師を務める。経営行動科学学会所属。京都大学経済学部卒業後、金融機関に勤務し、主としてデータ分析業務を担当。退職後、現職。専門はデータドリブンによる生産性の向上。データを活用し、組織の生産性向上および課題解決の支援を行っている。著書に、『7つのゼロ思考』（ぱる出版）、『だから論理少女は嘘をつく』（自由国民社）、『僕が無料の英語マンガで楽にTOEIC900点を取って、映画の英語を字幕なしでリスニングできるワケ』（扶桑社）などがある。

仕事のできる人がやっている減らす習慣

2024年11月5日　初版発行
2025年6月20日　4刷発行

著　者　中村　一也
発行者　太田　宏
発行所　フォレスト出版株式会社
〒162-0824 東京都新宿区揚場町2-18　白宝ビル7F
電話　03-5229-5750（営業）
03-5229-5757（編集）
URL　http://www.forestpub.co.jp

印刷・製本　日経印刷株式会社

ISBN978-4-86680-293-0　Printed in Japan